지역주의 타파도
K 콘텐츠처럼

**지역주의 타파도 K 콘텐츠처럼**

**초판발행** 2025년 1월 3일

**저　　자** 박무서
**감　　수** 조해경
**발 행 인** 김덕중

**발 행 처** 높이깊이
**주　　소** 서울특별시 성동구 성수일로 39-32 (우) 04779
**전　　화** 02)463-2023(대)
**메　　일** djysdj@naver.com
**등록번호** 제4-183호
ⓒ2025 NOPIKIPI, Printed in Korea

☞ 이 책에 담긴 내용의 무단 전재 및 복제 행위를 금합니다.

☞ 잘못 만들어진 책자는 구입처에서 교환해드립니다.

| 머리말 |

　한국에서 지역주의에 의한 갈등은 모든 분야에까지 갈등양상이 잠재적으로 내재 되어져 있다. 이러한 지역갈등을 해소하지 않고서는 우리나라의 정치발전은 불가능 하다고 본다. 또한 지역주의는 명백한 사회갈등을 초래하여 모든 분야에서까지 발전을 저해하는 요소로 작용하게 될 것이 분명하다.

　필자는 지난 20여 년 동안 지역주의 타파를 위해서 물심양면으로 엄청난 노력을 기울여 왔다. 그 결과 필자가 내린 결론은 이제는 제4차 산업혁명의 AI (인공지능) 시대에 들어섰다. 그 결과 우리 한국도 MZ세대들이 지역감정에 대해서 서서히 줄어들고 있는 추세에 있다. 필자는 이러한 점을 감안할 때 MZ세대들이 전 세계에 심고 있는 K-팝 등 한류 문화를 한국의 영호남 지역을 비롯하여 전국적으로 전파하여 영호남의 문화의 공조를 형성하자는 방안이다.

　특히 필자가 주장하는 방안은 지역주의를 20년 전 히딩크식 P 이론이 아닌 현대 MZ세대들의 K- 팝 이론을 모방하자는 논리다. 다시 말하면 MZ세대들이 글로벌 시대에 전 세계인들이 서로 서로 즐기면서 인종이나 문화적인 거부감을 버리고서 하나가 되는 방안을 의미한다. 따라서 우리도 MZ세대들이 사용하는 K-팝의 방안을 벤치마킹하여 지역주의 타파 방안에 적용하여 즐기면서 지역주의를 타파해 나가자는 방법이 지역주의 타파를 위해서 보다 효율적인 방법이라고 사료된다.

지역주의로 인해 영호남을 비롯하여 우리국민 모두가 피해자가 되었다. 따라서 지역주의는 반드시 타파되어야 한다.

본서는 지역주의 타파를 위한 전망과 극복방안을 실무적이면서 이론적인 차원에서 다루고 있다. 특히 지역주의를 초래한 한국의 내적인 요소와 외적인 요소를 과학적인 방법으로 분석하여 지역주의를 타파하는 방안을 모색하는데 주력하였다.

이 책은 우리국민 모두가 쉽게 접근하여 읽을 수 있도록 하기 위해 가능한 한 전문적이고 학술적이며 순수한 이론은 피해 나가려고 노력하였다. 특히 이 책은 20여 년 전에 초판을 발간하였다. 그러나 그 동안 내외적인 복합적인 요소들의 변화로 인해 이 책에서 논하는 히딩크식 P 이론은 빛을 바래고 있는 실정이기는 하다. 그러나 이 책에서 논하는 이론들은 앞으로 우리가 지역주의를 타파하는 초석이자 지침서로서 활용하는데 크게 유용하다고 본다.

지역주의를 타파하는 것은 결코 쉬운 일은 아니다. 그러나 지역주의는 타파하는 일은 반드시 필요하다. 또한 지역주의를 타파하는 방법은 존재하고 있다. 이 책은 지역주의를 타파하는 최고의 과학적 지침서로의 역할을 할 수 있기를 기대한다.

이 책을 출간하게 된 동기는 필자는 2003년부터 지역주의 타파를 위한 사회단체에서 일을 시작하였다. 그러나 지역주의를 타파하는 일은 쉬운 일이 아니라는 것을 아직도 느끼고 있기는 하다. 그 결과 평소 지역주의 타파를 위한 열린 연대의 대표이셨던 조해경 박사님의 추천으로 이 책을 집필하게 되었다. 조해경 박사님은 인문학 분야의 석학으로써 본인의 집필과정에서 직접 감수를 봐 주셨고 동시에 이론적으로 정립하는데 많은 도움을 주셨다. 따라서 이 책이 세상에 나오게 된 데에는 조해경 박사님의 도움이 크다고 할 수 있다. 끝으로 이 책이 나오기까지 고락을 함께한 높이깊이 출판사 사장님이하 편집부 여러분께 감사를 드린다.

2025년의 새해를 맞이하여
영장산 기슭에서
새봄을 기다리는 나무들을 바라보면서
저자 박무서

┃목 차┃

1. 히딩크식 "P"이론을 만들자 ·················································· 9

2. 지역주의는 어느 시대 어느 나라에도 있다 ························· 21

3. 구조적 차원에서의 지역주의 ·············································· 31

4. 정치인과 지역주의 ······························································ 37

5. 수직적 이동사회에서 수평적 이동사회로 이동으로 인한 지역주의 ············ 45

6. 지역주의의 역사적 고찰 ······················································ 51

7. 지역주의 전망과 극복요소 ·················································· 57

8. 지역주의 타파를 위한 방안 ················································ 61

9. 카리스마적 인물중심의 권위주의 정당 및 파벌주의 정당에서 평당원 중심의 국민이 직접 참여하는 민주주의 방식의 정당운영 ················· 95

10. 정보화로 인한 직접민주주의 실현 ···································· 109

11. 물리적 지역개념을 붕괴하는 공간도시의 형성 ················· 125

12. 정부인사의 획기적 지역 안배정책 ···································· 139

# 히딩크식 "P"이론을 만들자

2002년 우리는 월드컵 4강이라는 신화를 이루어 냈다. 우리가 월드컵 4강이라는 것은 우리의 조건으로 보아서 불가능한 일이다. 그러나 우리가 월드컵에서 그만한 성공을 가져온 배경에는 히딩크라는 축구 이론가가 있었기 때문이다.

우리나라에서 히딩크를 인정해야만 하는 이유는 우리나라 축구가 전 세계 4등 안에 들어간다는 것은 불가능한 일이다. 우리나라 신생 독립국들이 서구식 민주주의 제도는 채택하지만 민주주의 제도가 서양과 같은 진정한 민주주의로 전환되는 데에는 오랜 시간이 걸린다.

축구도 마찬가지다. 서양인들이 자기들의 체력조건과 기준에 맞추어서 하는 운동이기 때문에 우리나라는 체력적으로나 조건적으로 불리하다. 이러한 불리한 조건 때문에 우리나라는 지난 수십 년간 월드컵 경기에 출전했지만 본선 진출조차 힘이 들었다.

우리나라도 우리의 기억에 군사독재 시절에 박정희 대통령의 처형의 사위이던 J 모 축구협회 회장이 축구에 관심을 가지고 열심히 뛴 적이 있었다. 일반적으로 권위주의 정권이 정권을 유지하기 위해서는 국가의 독재정책과 국민들 간의 갈등을 해소하기 위한 정책으로서 스포츠 등에 국민들이 관심을 갖도록 국가가 정책을 세운다.

권위주의 정부에서는 스포츠가 바로 국가전반의 성장인 것처럼 국민들을 속이는 수단으로 이용할 수 있기 때문이다. 당시 우리나라도 민주화가 되지 않은 시절이었기 때문에 정부는 많은 예산을 투입하여 스포츠 발달에 노력하였다. 이러한 정부의 노력에도 불구하고 우리의 축구는 본선 진출조차 좌절되고 말았다.

이후 우리는 축구 강국으로 성장하기 위해서 무한한 노력을 하였다. 그러나 우리나라 축구 이론가들이 내린 결론은 우리의 기술과 체력의 한계를 내세웠다. 우리나라는 서양국가 선수들과 비교할 때 체력과 기술이라는 두 가지 문제점을 내세웠다. 이러한 체력과 기술의 문제점을 극복하기 위해서 내세운 이론이 "X 이론"이라고 할 수 있다.

이러한 X 이론에 맞추어서 노력한 결과 축구는 상당한 진전을 보았다. 비록 본선 진출은 못했지만 본선의 문턱 가까이는 갈 수 있게 되었다. X 이론의 적용으로 우리 선수들의 기술이 향상되기는 했지만 그것보다도 우리나라의 경제가 후진국 경제에서 중진국 경제로 발전한 것이 축구 발전과 상관관계를 가지고 있다.

특히 우리나라의 경제성장으로 국민들의 체력이 많이 향상되었다. 그 결과 우리 축구 선수들의 체력 또한 많이 나아졌다. 체력적으로 서양인에게 별로 뒤지지 않는 문제점은 어느 정도 해결되었지만 더욱 큰 문제는 기술의 향상이 문제였다. 기술의 향상이란 선수 개개인의 개인 기술과 팀 전체의 기술인 팀워크의 향상을 의미한다. 이러한 기술적인 향상을 위해서 축구 이론가들이 만들어낸 이론이 "Y 이론"이다.

Y 이론의 적용으로 우리의 추구는 본선에는 진출하게 되었다. 그 수많은 축구국가들 중에서 아시아에서는 축구 강국으로 자리를 잡게 되었다. 정치적으로 우리에게 한때 우리나라의 지배자로 군림하면서 우리나라를 경시했던 일본을 우리는 자주 이길 수 있는 실력이 되었다. 이만하면 아시아인의 조건으로 서양인들의 운동으로 여기는 경기에서 본선에 진출한 것만으로도 일단 성공한 셈이다. 그러나

Y 이론은 한계가 있었다. 우리의 Y 이론의 적용으로 16강 진출의 한계가 있었다.

우리의 축구가 X 이론과 Y 이론의 적용으로 16강 진출의 가능성이 희박하다는 사실이 판단되었다. 이러한 시기에 우리나라에 영입된 감독이 "히딩크 감독"이다. 히딩크는 한국의 축구가 가지고 있는 문제점을 정확히 파악해서 실행에 옮긴 유능한 이론가이다. 그는 우선 기존의 X 이론과 Y 이론의 적용으로는 불가능하다는 것을 파악하고 그의 새로운 이론인 P 이론을 적용하였다.

히딩크는 한국 선수와 한국 축구계가 가지고 있는 문제점을 그의 새로운 이론을 적용하여 타파하고자 했다. 우선 서양의 축구 선수와 비교해 볼 때 우리 축구가 발전하지 못하는 가장 큰 이유는 우리나라가 가지고 있는 지연 및 학연 때문에 우수한 선수를 발탁하지 못한다는 것을 알고 있었다.

따라서 선수의 발탁에 있어서 과거의 선수들의 실력은 완전히 무시하고 앞으로의 발전 가능성에 의해서 선수를 기용하였다. 선수 발탁과정에서 히딩크는 과거의 감독들이 선수를 발탁하는 과정에서 압력을 받는 학연 및 지연 등의 연고주의를 완전히 배제할 수 있었다.

히딩크의 이러한 서양식 합리주의 기준에 의한 선수기용은 우수한 자질을 가진 후보를 골라 낼 수 있었다. 만일 히딩크가 한국에서 나서 한국에서 교육을 받은 감독이라면 히딩크 자신도 한국의 축구 방식에 맞추어서 선수를 뽑지 않으면 안 되었다. 히딩크는 한국이 안고 있는 축구의 문제의 원인을 자신만의 특유의 외국 축구 감독으로서 오랜 경험을 토대로 원인을 규명해서 히딩크식 이론을 만들어서 적용하였다.

다시 말하면 히딩크는 한국의 축구계가 안고 있는 고질적인 문제점을 해결할 수 있는 유일한 인물이었다. 우선 히딩크는 한국의 축구발전을 저해하는 요소로서 학연 등 연고주의와 체력의 열세 두 가지 요소를 원인으로 규정하였다.

히딩크는 기존의 한국의 축구계 역시 지역주의의 하나인 학연 등 연고주의를 과감히 배격하고 실력과 능력에 의해서 선수들을 발탁하였다. 이렇게 실력에 의한 선수 발탁은 히딩크만이 할 수 있는 방법이었다.

또 다른 히딩크의 방법은 서양 선수들의 실력과 비교하여 우리선수 들에게 필요한 기술의 습득이었다. 히딩크는 우리선수들에게 가장 시급한 것은 체력전에서 서양 선수들에게 밀리지 않는 체력 훈련에 가장 중점을 두었다. 가령 예를 들면 서양 선수들이 2시간 동안 지치지 않고 뛸 수 있기 위해서 왕복 100번간 운동장에서 달리기를 한다면 히딩크는 우리 선수들에게 150번간 운동장을 지치지 않고 달릴 수 있도록 훈련시켰다.

히딩크는 우리나라 기존의 축구계의 고질적인 문제점에서 과감히 탈피하여 새로운 이론에 맞추어서 거시적인 차원에서 시도를 하였다. 히딩크가 적용한 이론은 적중하였다. 그는 한국 축구의 문제점인 체력의 열세와 지역 연고에 의한 선수기용으로부터 탈퇴라는 축구혁명을 일으킨 사람이었다. 그의 이러한 시도는 초기에는 많은 축구 전문가들로부터 부정적인 반응을 보였다. 사실 초기의 그의 전략에 우리 선수들이 잘 적응하지 못해서 실적이 부진하였다. 그러나 히딩크의 우리나라 축구에 적용한 이론은 맞아 들어갔다. 히딩크는 선수들이 많은 경험보다는 경험이 적더라도 젊은 세대를 선호하였다. 축구계에서 기존에 이름을 날리던 선수보다는 장래성이 있는 무명 선수들을 선호했다. 이러한 히딩크의 전략에 맞추다 보니 자연히 선수들의 세대교체를 가져왔다.

히딩크의 혁명적인 이론을 요약해 보면,

학연, 지연 등의 연고주의 탈피!

실전에 필요한 기술보다는 서양선수보다 단순한 체력우위의 훈련!

경험을 중요시해서 기존의 실전 경험이 많은 선수로부터 경험은 없으나 장래성이 있는 신진 선수의 기용, 다시 말하면 선수 세계에서 구세대인 O세대에서 신세대인 N세대와 P세대의 전격 기용! 등을 들 수 있다.

히딩크가 적용한 이론은 상당한 모험을 안고 있었다. 그러나 그는 이러한 모험을 감수하고서 그의 방식대로 이러한 이론을 적용하였다. 히딩크의 이론은 적중하였다. 그의 이론은 동양국가에서는 상상하기 힘든 "월드컵 4강"이라는 신화를 이루어 냈다. 그의 이론적 적용은 단지 축구에만 필요한 것이 아니다. 그의 이론은 우리의 정치사회가 안고 있는 문제점을 해결해 나가는데 필요한 이론이다. 따라서 우리는 히딩크식 이론을 우리의 정치계가 안고 있는 문제점을 해결하는데도 적용하여야 한다.

우리의 정치는 경제에 비해서 너무나 후진성을 면하지 못하고 있다. 국민 총생산량 면에서 세계 10위권 내의 강대국인 한국은 정치면에서는 세계의 신생국인 아프리카나 동남아 국가 수준에 머무르고 있다. 정치가 발전하지 못하는 이유는 아직도 정치의 제도화가 정치 선진국인 서양의 수준에 이르지 못하고 있기 때문이다. 우리나라가 정치 선진국으로 되기 위해서는 히딩크식 이론을 적용하여야 한다.

첫째, 히딩크의 제일 첫 번째 방식인 지연과 학연 등 지역주의를 타파하여야 한다. 지역주의에 의한 선거 등 지역 할거주의는 우리 사회를 정치, 경제, 사회, 문화적인 면에서 갈등을 초래하여 한국이 후진국으로부터 탈피하지 못하도록 하고 있다. 히딩크가 축구에 적용한 지역주의 탈퇴는 우리의 정치계가 우선적으로 적용할 이론인 것이다.

다음으로 히딩크가 적용한 기술적인 면에서 서양 선수들과 비교하여 선수들의 축구 기술보다는 거시적인 차원에서 체력을 보다 중요시 했다. 서양 선수보다 체력적인 면에서 우위는 우리는 경제발전을 바탕으로 정치적인 면에서 선진국의 정치체제를 제도화시키는 일이다.

정치자금 문제 같은 경우는 국민들이 자기가 좋아하는 정당에 아무런 보상도 생각하지 않고 정치헌금을 내는 것을 일반화시켜야 한다. 우리가 재산세나 자동차세를 매년 정기적으로 내는 것에 대해서는 국민의 의무로 생각해서 내고 있다.

정치헌금도 국민들 스스로가 자기가 좋아하는 정당에 세금과 마찬가지로 의무적으로 내는 정치의식을 가질 수 있는 정치풍토를 만드는 일이 시급하다. 이렇게 하기 위해서는 정치 선진국의 모델들을 모방하여 우리 사회에 정착시키는 정치제도화의 일이 가장 시급하다.

정치제도화는 정치발전이다. 따라서 우리는 히딩크가 축구 발전을 위해서 선수의 체력을 세부적인 기술향상보다 중요시 했듯이 국민들의 정치헌금 등 정치의식을 선진화시키는 정치제도화를 시키는 일이 가장 시급하다. 또한 선거만 끝나고 나면 정경유착에 의한 정치인의 비자금 조성 등 투명하지 못한 돈을 받아서 검찰에 몇 번 소환되고는 그것으로 흐지부지되어 버리는 용두사미식의 일이 발생하지 않도록 해야 한다.

비자금 문제에 연루된 정치인에 대해서는 국민들은 곧 잊어버리고 만다. 얼마 후 그 정치인은 또 다시 정치활동을 재개하게 되는 것이다. 이러한 정치적인 악순환의 원인은 히딩크가 추구했던 축구 선수의 일시적인 기술의 향상보다는 체력의 증진을 강조한 것과 마찬가지로 우리는 국민들이 정치헌금의 의미가 무엇이며 검은 돈이 국민경제의 인플레 현상을 초래한다는 사실을 알 수 있도록 하여야 한다. 또한 검은 돈을 받은 정치인은 정치계에서 발을 못 붙이도록 국민 스스로가 막아야 한다. 이렇게 될 때 한국 정치는 선진국 수준으로 향상하게 된다.

히딩크 이론의 마지막 요소는 세대 교체론이다. 히딩크는 실제 경험이 많은 축구 선수들 중에서 O세대를 배격하였다. 그는 경험이 없더라도 장래성이 있어 보이는 N세대를 선택했다. 구세대에서 신세대로의 교체를 통해서 한국 축구의 혁명을 일으키고자 시도하였던 것이다. 이러한 경험이 없는 선수의 발탁은 많은 모험을 안고 있는 행동이었다. 그러나 축구의 먼 장래를 위해서는 필요한 전략이었다.

한국의 정치도 마찬가지로 히딩크의 세대교체론을 적용하여야 발전 할 수 있다. 기존의 낡은 정치인들 때문에 한국의 정치는 발전하지 못하고 제자리걸음을 하고 있는 것이다. 정치적으로 구세대에서 신세대로의 변화를 하도록 유도할 수 있는 사람은 누구인가? 정치계를 구세대에서 신세대로 전환시킬 수 있는 사람은 바로 "P세대"인 것이다.

PC의 약자 즉 "Personal Computer"의 약자인 PC 중에서 "P자를 따서 P세대라고 부른다. P 세대는 히딩크가 그의 축구 이념을 관철해 나갈 수 있도록 힘을 불어 넣어준 세대인 것이다.

히딩크가 아무리 좋은 아이디어를 가지고 축구 개혁을 시도하더라도 그것을 인정하지 않고 뒤에서 힘찬 응원을 보내지 않았더라면 한국은 월드컵에서 4강의 신화를 이루어 내지 못했을 것이다. 히딩크의 개혁을 성공시키는 데에는 우리 국민 모두의 열렬한 응원이 큰 힘이 되었다. 그 국민들 중에서도 붉은 악마라는 열렬한 축구팬들이 있었기 때문이다. 이러한 붉은 악마를 구성하는 회원의 대부분이 P세대인 것이다. P세대는 비교적 경제적으로 어려움 없이 부모의 사랑을 독차지하면서 과학의 첨단물인 컴퓨터를 친구 삼아 자란 세대이다.

P세대는 아직 사회에 때 묻지 않은 세대다. 그들은 오직 사회 정의를 위해서 정신적으로나 물질적으로 희생할 준비가 되어있는 세대다. 따라서 P세대들은 지난번 월드컵이 끝난 후 치러진 대통령 선거에서도 그들의 역할은 대단했다. P세대는 최첨단 과학의 산물인 컴퓨터가 친구이기 때문에 컴퓨터를 이용한 선거를 치렀다. 따라서 많은 P세대들이 선거에 참여하는 선거혁명을 이루었다.

지난번 선거는 2030세대인 N세대와 P세대가 이루어 놓은 선거혁명이었다. 그러나 인터넷을 이용한 홍보 등은 자칫 잘못하면 군중 심리에 이끌려 올바른 후보를 선택할 판단력을 상실할 우려가 있다. 그러나 지난번 선거는 결국 나이 많은 기성세대와 2030 및 P세대의 대결 구도로 변해 버렸다.

컴퓨터에 의한 인터넷이 발달하지 못한 시대에는 젊은 세대는 구세대가 시키는 대로 끌려 다녔다. 그러나 지금의 인터넷 시대에는 컴퓨터가 능숙한 세대가 정치 및 사회를 주도해 나가게 마련이다. 특히 21세기는 정보화 사회를 맞이하면서 인터넷에 밝은 세대가 정보에 또한 밝다. 따라서 우리사회는 앞으로 정보에 밝은 세대가 사회를 주도할 것이다.

우리는 구세대와 2030세대와 컴퓨터를 잘 다루는 P세대 중에서 가장 우리 정치에 혁명을 일으켜 나가야 하는 세대가 바로 P세대인 것이다. P세대는 지난번 월드컵과 선거에서 보여주었던 패기를 한국의 정치혁명을 위하여 앞장 설 수 있는 세대다. 한국의 경제가 선진국 수준으로 발전했듯이 P세대는 지식적으로나 체력적으로나 충분히 한국 정치를 후진국 수준을 벗어날 수 있도록 할 능력을 갖춘 세대다. 따라서 우리는 월드컵 신화를 이루어낸 히딩크식 이론을 정치에도 적용하여 P세대의 주도하에 지역주의를 타파하여 정치혁명을 이루어야 한다.

## 지역주의는 어느 시대 어느 나라에도 있다

그리스의 철인 아리스토텔레스는 "인간은 사회적 동물이다"라고 역설하고 있다. 이 말은 인간은 태어날 때부터 사회생활을 하지 않으면 안 될 운명을 가지고 태어났으며 또한 인간은 사회와 정치 활동의 양면 속에서 일생을 살아가는 숙명에 처해 있다는 뜻이다.

사회 계약론으로 우리에게 잘 알려진 장자크 루소는 그의 유명한 고상한 야만인에서 이 세상의 모든 것이 정치로 시작해서 정치로 끝난다고 역설하고 있다. 루소의 사회 계약론은 인간은 태어날 때부터 쇠사슬에 묶여서 사회생활을 해야만 하는 비극적 운명을 타고났으며 자연상태에서의 인간은 고상한 야만인으로 있을 때가 가장 행복하기 때문에 자연으로 돌아가야만 한다는 인간 본성인 성선설을 주장하고 있다.

이와 같이 인간은 타고날 때부터 사회생활을 해야만 하는 운명을 가지고 타고 났지만 사회생활을 통해서 인간은 자신을 발전시켜 나가는 좋은 점도 많이 있지만 한편으로 인간은 사회생활이라는 집단생활을 통해서 인간 자신을 악하게 만들어 가는 부정적인 면도 있는 것이다.

서양의 사회계약론자인 토마스 홉스는 그의 유명한 저서 「리바이디언」에서 인간의 본성은 원래가 악하기 때문에 인간은 서로 모이기만 하면 서로 싸우는 "만인의 만인에 대한 투쟁"이며 인간 본성이 악하다고 규정하고 있다.

이와 같이 인간은 서로가 서로를 불신하기 때문에 그냥 두면 파멸의 길로 들어가 버리게 된다. 따라서 인간은 계약을 맺어서 통치자에게 모든 권한을 위임하여 통치자들이 정치를 하도록 위임하며 만일 통치자들이 국민의 뜻에 위배되는 경우에는 통치자들로부터 모든 권한을 박탈할 수 있도록 하는 혁명권을 국민들이 가질 수 있도록 하고 있다.

또한 장자크 루소는 통치자는 일반의사(General Will)에 의해서 통치를 하도록 하고 있으며 일반의사가 바로 국민의 의사이며 국민의 의사는 결코 틀리지 않기 때문에 반드시 따라야 한다는 것이다.

우리 인류의 역사는 칼 마르크스가 말한 대로 필요에 의한 작용과 반작용의 역사의 연속이라고 규정할 수 있다. 다시 말하면 인간들은 필요에 의해서 집단을 형성한다. 인간 개인 각자의 행동이 모여서 단체를 형성하여 행동하여 결국은 국가와 국민으로 형성되며 국가에는 통치하는 자와 통치를 받는 자가 모여서 살아가고 있는 것이다.

이렇게 한 국가에는 많은 개인들이 지역별로 모여서 살면서 문명과 문화가 발달된 지역과 발달되지 못한 지역으로 차이가 나며 또한 국가 간에도 문명과 문화의 차이가 생기게 마련이다. 먼저 발달한 지역의 문화는 지연적으로 덜 발달된 지역으로 전파되기 마련이며 또한 한 지역이 전쟁의 형태로든 또는 다른 형태로든 약한 지역에 대해서 행동을 가하면 자연 약한 쪽에서도 반작용은 발생하게 마련이다. 이렇게 해서 작용과 반작용의 연속이 바로 인류의 역사인 것이다.

인류가 태어난 이래 이러한 작용과 반작용의 연속에 의해서 국가와 민족 간에는 계속해서 전쟁이 일어나며 약육강식의 법칙에 의해서 인간은 쫓고 쫓기면서 종족을 보존하고 지역을 보존하려고 노력해 왔으며 이러한 과정에서 영원한 승자는 없었다. 한번 승리를 하여 정복을 한 국가나 민족은 그 후에는 반드시 정복당한 후예들에 의해서 또다시 정복을 당하는 역사의 과정을 되풀이 하는 것이다.

역사학의 석학인 아놀드 토인비는 "인류의 역사는 그 자체를 되풀이 한다."라고 역설하고 있다. 이 말에서 우리가 찾는 진리는 세계를 정복한 사람들의 꿈은 전 세계의 인류를 지역주의가 없는 한 민족 한 국가로 통합하여 영원히 멸망하지 않는 대제국을 건설하는 것이 꿈이었다. 그러나 그 정복자들의 지역주의가 존재하지 않는 하나의 제국 건설의 꿈은 반드시 무너져 버리게 되었다. 그 이유가 바로 인간은 자기가 태어난 지역과 종족을 절대로 잊어버리지 않고 있기 때문이다. 다시 말하면 인간은 자기가 태어난 고장과 자기가 속한 종족을 결코 잊지 않고 있다는 것이다.

청교도 정신에 의해서 유럽에서 아메리카 대륙으로 이민을 간 많은 유럽인들도 자기들의 태어난 지역을 그리워하고 있으며 자기가 어느 종족이라는 것을 반드시 기억하고 있다. 영국의 박해와 식민지로부터 해방하겠다며 존 로크의 개인주의 정신과 자유주의 정신을 미국 헌법의 기초로 삼고 있는 미국 국민들도 자기가 태어나서 성장한 곳을 그리워하며 선거 때가 되면 자기 지역 출신의 출마자에게 표를 몰아주려고 하고 있다.

1976년 전 미국에서 알렉스 헤일리라는 한 소설가가 "뿌리"를 발표하면서 미국은 전 국민이 자기가 태어난 지역 찾기 운동을 벌인 적이 있었다. "미국인은 전부가 다 이방인이다."라고 말하듯이 미국인들은 사실 다 이민 온 사람들이다. 여기서 우리가 느낌을 주는 것은 미국의 흑인들이 더욱 자기의 뿌리를 찾으려고 노력하고 있다는 점에서 우리는 모든 인간이 본능적으로 지역주의에 대한 집착은 버릴 수가 없다는 것을 알 수 있다.

흑인들은 노예로 아프리카 대륙에서 끌려와 인간 이하의 대접을 받으면서 살아왔기 때문에 조상과 뿌리에 대해서 관심이 없을 줄 알았는데 흑인들이 더욱 더 자기가 태어난 지역과 조상과 뿌리에 관심을 가지고 있다는 점에서 우리는 아무리 강한 자가 나타나 전 지역을 통합하여 지역을 일원화시키려고 노력을 한다고 하더라도 이것은 불가능한 일이라는 것을 알 수 있다.

역사를 거슬러 올라가서 그리스 도시국가들은 마케도니아의 필립 왕과 알렉산더 대왕이 만들어 놓은 거대한 왕국의 일부분이 되어 버렸다. 이러한 그리스 도시국가는 거대한 왕국으로부터 소규모의 도시국가로 변했으며 개인 각자는 도시국가의 독립으로부터 거대한 왕국의 틈바구니에 끼여 작고 무력한 단위로 만들어져 버렸다.

따라서 도시국가의 국민들은 그들이 정치적 역량을 발휘하는데 도움을 주지 못했으나 그들은 자신이 태어난 도시를 지키겠다는 정신은 역력히 나타나 있다. 이러한 알렉산더의 통치하에서도 자기의 지역을 지키겠다는 지역주의 정신은 그들을 대표하는 사상에서도 잘 나타나 있다.

그 당시를 대표하는 사상은 쾨니코스 학파였다. 쾨니코스 학파는 도시국가 즉 지역주의를 대표하는 소크라테스의 사상을 이어 받아서 발전시킨 학파라고 할 수 있다. 이 지역주의 학파를 대표하는 사람은 디오게네스라는 학자였다. 그는 평생 걸인 생활을 하면서 큰 원통형의 통나무에 숨어서 살았다고 전해지고 있다.

그의 지역주의에 대한 사상을 대변해주는 일화는 디오게네스가 알렉산더 대왕과의 일화에서 나타나고 있다. 알렉산더가 그의 괴팍스런 생활에 관심을 가지고 그를 방문해서 그에게 무엇을 원하는가라고 물어 보았을 때 디오게네스는 그가 원하는 것은 단지 알렉산

더 대왕이 그의 앞에서 햇빛을 가리고 서 있지 말고 옆으로 비켜 서 주는 것만을 원했다는 유명한 일화가 있다.

디오게네스 철학은 우리가 보기에는 단지 사회 현실에 대한 도피적인 철학 사상으로 보기 쉬우나 사실은 그의 사상은 그 당시 도시국가가 몰락하였지만 지역주의 사상의 부흥을 원하는 시민을 대변하는 철저한 현실주의적 지역주의를 부르짖은 사람이었다.

그가 개와 같은 생활을 부르짖은 이유는 알렉산더의 전체주의에서 벗어나서 지역주의 사회로 환원을 요구하는 당시 헬레니즘 사회에서 차별당하고 있는 도시사회의 주민들을 대표하는 강한 도전이라고 볼 수 있다.

이와 같이 인간은 자기가 태어난 지역에 대한 애향심은 어느 시대 어느 국가를 막론하고 존재하고 있는 것이다. 다시 말하면 지역 이기주의는 인간이 존재하는 한 없어질 수 없는 것이다. 이러한 지역주의는 지역이 좁은 국가일수록 더욱 심하며 다른 민족이 섞이지 않은 단일민족국가일수록 더욱 심하게 나타나고 있다.

다시 말하면 단일사회에서 나타나는 지역주의 현상은 복합사회에서 나타나는 지역주의 현상보다 더욱 강한 현상을 보여주고 있다. 다 민족이 모여서 인종 집산의 대표적인 국가인 미국보다는 단일 민족국가는 아니지만 소수의 민족으로 국가를 형성하고 있는 일본이 훨씬 더 지역주의 현상이 강하게 나타나고 있다.

미국의 경우 영국에서 이민 온 민족이 가장 숫자가 많아 미국의 대통령은 영국계 출신의 후보자가 유리한 입장에 있으며 그리스계 등 소수민족 출신의 후보는 대통령 선거에서 불리하게 작용하고 있다.

1988년 미국의 대통령 선거에서 마이클 두카키스라는 후보는 그리스계 출신이라는 점 때문에 대통령 선거에서 패배한 결정적인 요인으로 작용했다. 또한 미국의 경우 출신 지역이 인구가 많고 큰 지역 출신의 후보가 작은 지역 출신의 후보보다 대통령에 당선될 확률이 훨씬 더 높은 이유는 지역주의에 편승하여 인구비례에 따라 많은 선거인단을 확보할 수 있기 때문이다.

미국의 지역 이기주의는 19세기 중반의 미국의 남북전쟁에서 잘 나타나고 있다. 농경에다 주업을 둔 남부와 신흥 공업에 주력을 가진 북부 지방 간의 지역 패권주의가 부른 내란이었다. 이러한 지역이기주의가 아직도 미국 국민들 간에도 존재하고 있다. 다시 말하면 북부의 추운 지방과 남부의 더운 지방이 새로운 경제전쟁을 시작하고 있다고 말하고 있다. 사실상 미국은 50개주가 주 별로 독립해서 운영하고 있다. 따라서 미국은 지역주의와 지역의 특성을 살려서 주 정부가 운영하고 있는 것이다.

이웃나라 일본의 경우 나라가 작고 단일민족으로 구성된 국가이기 때문에 지역주의에 대한 애착은 더욱 강하다고 할 수 있다. 일본에는 두 종류의 소수민족이 있다. 하나는 일본 북쪽에 위치한 아이누라는 소수민족이고 또 한 민족은 한국인이다. 그런데 일본민족은 이 두 소수민족에 대해서 결코 너그럽게 용서를 하지 않는다. 어느 미국의 인류학자는 "일본 민족은 일본인만 사랑한다."라고 말한 적이 있다. 우리 한국인도 약 90만 명 가까이 일본에 살고 있지만 일본인들로부터 적지 않게 차별 대우를 받고 있다.

이와 같이 일본은 섬나라로서 좁은 공간에서 살아남기 위해서는 지역 이기주의에 바탕을 둔 삶을 살아가지 않으면 안 될 만큼 좁은 땅에서 살고 있다. 일본의 역사를 보면 명치유신 이전까지는 전 일본이 지역별로 나누어서 통치를 하였다.

우리와 가까이에서 우리에게 가장 많은 영향력을 행사한 중국의 경우는 지역주의에 대해서 너그러운 편이다. 그러나 중국의 경우는 넓은 땅에서 다민족이 모여서 살기 때문에 사실상 중앙정부의 통치가 불가능한 상태에서 국가를 유지해 왔다. 그보다 중국의 경우는 다양한 인종이 각자 지역에 적합한 문화를 이루면서 획일화되지 않은 역사를 이루어 왔다. 따라서 타민족이 지역에 들어오면 비교적 잘 적응할 수 있었다. 이와 같이 인류가 지구상에 존재하는 한 동서고금을 통해서 인간은 자기가 태어난 지역과 뿌리에 대한 애착은 결코 사라지지 않을 것이다.

# 구조적 차원에서의 지역주의

한국의 지역주의의 원인은 구조적 차원에서 분석할 수 있다. 한국은 유교적 사회를 바탕으로 사회구조를 형성하고 있다. 이러한 유교적 바탕으로 형성되어온 한국의 사회구조는 정치, 경제, 문화 등 모든 면에서 수백 년간 계속되어 왔다. 이러한 한국의 유교를 바탕으로 형성되어온 사회구조는 우선 권위주의와 파벌주의를 형성하도록 했다.

권위주의는 수직적인 사회제도를 구성하도록 했다. 따라서 위아래의 상하 관계가 친구나 동료 관계보다 훨씬 중요하게 만들었다. 따라서 작게는 한 집안에서 가족 간의 관계에서 부나 형등의 관계에서도 수직적 관계를 유지하도록 구성되어져 있다. 또한 사회에서도 계급과 서열을 중요시하는 사회로 구성되어져 내려오고 있다.

이것은 유교의 공자 사상이 사회의 질서를 유지하기 위해서 수직적 관계를 근본원칙으로 삼고 있기 때문이다. 조선시대부터 내려온 유교사상은 정치는 왕과 선비계층에서만 정치를 하고 다른 계층의 사람들은 아예 정치에 관여하지 못하도록 했다.

얼마 전까지 우리사회에서 관료주의라는 자주 사용되었다. 관료주의라는 말은 공무원 등 나랏일을 보는 관료들이 국민위에 군림하여 대 국민간의 관계에서 고압적인 태도를 보이는 것을 관료주의 근성이라고 한다. 특히 조선시대부터 말단 아전계급까지 일반 백성을 괴롭혀 왔다. 이것은 우리사회가 바로 이러한 유교적 사상을 바탕으로 한 수직적 관계를 이루고 있기 때문이다.

이러한 권위주의적 사상은 결국 한국이 일본의 지배를 거쳐서 군사독재 통치형태의 국가를 만들었다. 우리 국민성은 정치하는 사람들과 상하관계를 구성하여 복종하는 태도를 보이면서 사회와 가족의 안정과 질서를 유지하기만을 기대하였다. 따라서 독재자가 독재정치를 하여도 정치는 정치하는 층에서만 하고 일반 백성은 그냥 따라만 가면 된다고 생각했다. 이러한 정치인과 일반 국민 간의 관계는 대표자와 국민이라는 관계로 생각하는 것이 아니라 통치자와 지배자라는 관계로 여겨지게 되었다.

한국의 지역주의가 시작된 군사독재정부도 이러한 우리나라의 사회풍토를 이용하였다. 따라서 정치는 정치인들이 국가를 통치하는 일이며 국민들은 그냥 따라가는 것이 국민의 의무라고 생각하게 했다. 국민들은 정치인을 국민위에 군림하는 통치자로 생각하도록 정치인과 국민 간의 관계를 수직관계를 형성하도록 했다.

이렇게 군사정부의 수립 이후 지역주의가 형성된 이유는 권위주의가 가장 큰 원인이다. 정부와 국민 간의 수직관계는 정권을 잡은 쪽에서 엘리트 충원과 지역개발 문제에 정권을 잡은 쪽의 사람들로 충원시키고 또한 지역개발도 지역편중 정책을 추진해 나갔다. 이러한 권위주의 정부에 대해서 국민들은 잠재적 갈등을 가지고 있었지만 명백한 갈등은 나타내지 못했다.

권위주의와 더불어 수직적인 사회는 파벌주의를 형성하도록 했다. 조선시대부터 계속된 파벌주의는 계파를 중심으로 모이도록 했다. 결국 정치는 정당과 정책을 중심으로 모이는 것이 아니라 카리스마를 가진 인물을 중심으로 정치인들이 모이기 시작하여 당의 사당화 현상을 초래하였다.

조선시대에도 정치인들은 한 사람의 인물을 중심으로 모였다가 그 인물이 사라지면 그 파도 없어지는 현상을 초래하였다. 그러한 파벌현상은 독립운동시절이나 상해임시정부시절에도 똑같이 파벌현상을 만들었다. 가령 예를 들면 독립군 간에도 다른 파에서 밀고하여 일본군에게 발각되는 일이 허다하였다. 이토 히로부미를 암살한 안중근 의사가 만약 독립군의 어느 한쪽 파에 소속되었더라면 분명히 독립군의 다른 파에서 밀고하여 안중근 의사의 거사는 실패하였을 것이다.

이러한 파벌 현상도 결국은 한국이 수직적 관계를 형성하고 있는 사회체제 때문이다. 군사정부에서 시작되어 현재까지 계속되고 있는 지역주의도 수직적 관계에 바탕으로 둔 파벌주의 현상이 가장 큰 원인이다.

우리나라 지역주의도 우리의 수직적 사회현상의 한 부분인 파벌주의가 크게 작용하고 있다. 사실상 우리는 해방 후 현재까지 한국의 정치사를 움직여온 3김도 결국은 파벌주의를 바탕으로 하여 만들어진 인물이다. 이들을 중심으로 당이 만들어지며 사실상 이들의 사당이라고 할 수 있다.

우리의 지역주의는 총체적으로 볼 때 유교주의 사상을 바탕으로 한 수직적 관계가 지역주의의 원인인 권위주의와 파벌주의를 초래했으며 권위주의는 엘리트 충원과 지역개발에 있어서 편중된 지역이기주의를 이용하였기 때문에 지역주의에 대한 국민들의 잠재적인 갈등이 존재하고 있는 것이다. 이러한 잠재적 갈등은 대표자를 선출하거나 지역 간의 이해관계가 있는 경우에는 명백한 갈등으로 표출하게 되는 것이다.

## 정치인과 지역주의

    정치인과 중고 자동차 중개상의 말은 믿어서는 안 된다. 이 말은 미국사회에서 통상적으로 사용되는 말이다. 정치선진국인 미국조차 정치인에 대해서 불신을 하고 있다. 한국과 같은 정치 후진국에서는 국민들이 정치인의 말은 거의 믿으려고 하지 않는다.

    일반적으로 정치인에 대해서 정의를 내리면 정치인이란 권력욕이 비상하게 강한 인간을 말한다. 정치란 강제력이 없이는 해결할 수 없는 문제와 씨름하는 인간 행위이다. 그런데 강제력에는 악마가 숨어 있다. 정치란 어떤 의미에서 이 악마와의 제휴이며 거래인 것이다.

    정치는 인간의 구제를 꾀하는 성자의 일은 아니다. 참다운 정치인이란 악마의 포로가 되어서는 안 되며 악마를 충분히 이해하고 억제할 수 있어야 한다.

정치인이란 권력을 상대적으로 강조하고 자아에 대해서 권력으로 요구하며 권력 습득의 기능에 익숙한 사람을 말한다. 정치인이란 권력과 이권을 위해서 열중한다. 정치인은 정치 체제속의 최고의 지위에 이르는데 필요한 능력을 가지고 있으며 그 능력을 유지하는 방법도 알고 있는 인물이다. 정치인은 높은 정치이념과 청렴한 인격에 의해서 수많은 유권자의 지지를 얻을 수 있어야 한다. 강한 통찰력으로 사회의 욕구를 파악하여 국민을 인도하는 인물이며 다음 세대를 고려할 줄 아는 인물이다.

정치인이 되는 동기는 다양하다. 그러나 일반적으로 선천적으로 정치적 인간이 존재하는 것이 아니다. 정치적 인간은 조기 체험이 동기가 되어서 정치적 인격이 발전한다. 정치인이 되는 인격형성에는 가치 박탈이 필요하다. 권력을 추구하는 가치 박탈은 너무 커서는 안 된다. 가치 박탈이 너무 큰 경우에는 만사가 끝났다고 느끼고서 권력추구를 하지 않게 된다.

가치 박탈에 대한 보완이 권력을 획득함으로써 가능하다고 생각한다. 또한 생활환경이 정치적 분위기가 형성되는 경우 가치 박탈에 의한 정치화의 가능성은 더욱 강화된다.

일반적으로 볼 때 정치적 인간은 존경을 받고자 하는 타고난 욕망을 가지고 있다. 또한 1차적 환경에 의해서 가치 박탈로 말미암아 잃어버린 것을 보완할 수 있다고 생각한다. 여기에다 사적 동기를 공적 목표로 바꾸어 놓고서 공공의 이익이라는 명분으로 사적 이익을 합리화하는 사람이다. 정치인은 정치 경쟁장에서 필요로 하는 최소한의 기능과 자질을 갖추고 있어야 한다.

정치적으로 성공한 사람이란 권력 목표 추구에서 성공한 사람을 말한다. 성공한 정치인의 공통적 특징은 자기가 속해 있는 정치 조직 내에서 없어서는 안 되는 사람이다. 또한 경쟁자들을 능가하는 외향적 활동력을 지닌 사람을 말한다. 아울러 자기 주변 환경을 적극적으로 개선할 수 있는 능력을 지닌 사람을 말한다.

정치인으로 성공하기 위해서는 그 시대에 맞는 인물이어야 한다. 전쟁기와 평화기의 정치인은 다르다. 그 시대에 따라서 정치인은 관료형과 선동가형 등 여러 가지 형태가 나타나게 된다. 정치인으로 성공하기 위해서는 지적인 면에서나 신체적으로나 정서적으로 조건을 갖추어야 한다. 대중에 대해서는 호응을 얻을 수 있는 설득력이 있어야 하며 공감을 얻을 수 있는 설득력을 가지고 있어야 한다. 또한 조직을 결합할 수 있는 능력과 대중 앞에서 연기를 할 수 있는 능력을 갖춘 사람이어야 한다. 아울러 사회에 대해서는 민감한 통찰력과 강력한 의지력과 체력을 갖추어야 한다.

고대 그리스 시대부터 정치인의 통치술과 정치인으로 갖추어야 할 자질에 대해서 논의가 끊이지 않고 있다. 플라톤은 정치인의 통치술을 양을 모는 목동에 비유하고 있다. 목동은 양들이 위험한 곳으로 가지 않도록 잘 인도하여야 한다. 양들은 일반 대중을 의미하며 정치인은 목동을 의미하고 있다.

정치인의 자질에 관해서도 많은 논의가 되어 왔었다. 플라톤은 정치인을 동굴론에 비유하고 있다. 정치인은 동굴 속에 묶여져 있는 일반대중을 위해 위험을 무릅쓰고 동굴로 들어가서 구출해낼 수 있는 지혜와 용기를 갖춘 사람이어야 한다는 것이다.

플라톤은 정치인의 통치술을 군인이 부하를 다스리는 통치술, 선생이 학생들을 지도하는 통치술, 재판관이 재판을 하는 통치술과 구별하고 있다. 정치인의 통치술은 이들의 통치술보다 한 단계 높은 이성에 의한 합리적인 통치술을 요구하고 있다. 플라톤은 정치인의 통치술을 종합예술에 비유하면서 정치인의 통치술의 중요성을 강조하고 있다.

아리스토텔레스는 파티에 초대된 손님이 음식을 만든 요리사보다 더 음식 맛을 잘 알며 집을 지은 목수보다도 집에 들어가 사는 사람이 집을 잘 지었는지 아닌지를 더 잘 구별할 수 있다. 또한 배가 좋은 배인지 아닌지는 그 배를 만든 사람보다 직접 배를 모는 항해사가 더 잘 안다는 것이다. 이러한 아리스토텔레스의 말은 바로 현대 민주주의의 간접 민주주의와 이러한 간접 민주주의 제도 하에서 국민을 대표하는 정치인의 중요성을 의미하는 것이다.

정치인은 민주주의 시대에 있어서는 국민의 대표자로서 역할을 하여야 한다. 국민들이 직접 참여할 수 없는 회의나 일 등을 대표자를 통해서 하도록 하고 있다. 그런데 정치인에 대한 불신은 정치 선진국이나 후진국 모든 국가에서 공통적으로 존재하고 있다. 미국과 같이 정치적으로 선진화된 국가에서 조차 정치인에 대한 불신이 큰 상황인데 우리나라와 같이 정치적으로 후진성을 면하지 못하는 국가에서는 정치인에 대한 불신은 아주 크다.

한국은 해방된 지 수십 년이 지난 상황에서 정치인들의 자질을 보면, 갈수록 정치인 자신과 가족을 위해서 당선되려고 노력하고 있다. 해방 이후 한국의 정치인들은 대부분 일본으로부터 해방되어 독립운동을 하던 인사들로서 구성되었다. 따라서 당시 대부분의 정치인들은 국가와 민족을 위해서 일하는 일꾼으로 국민들의 눈에 보였다.

이후 군사정권이 들어서면서 군 출신과 사회 각계각층을 대표하는 민간인들로 구성되었다. 이 시기 만해도 정치인에 대한 국민들의 존경심은 어느 정도 가지고 있었다. 대부분의 국민들은 정치인들의 개인적인 자질이 국민들이 가지고 있는 경력보다 낮다고 생각했기 때문이다.

그러나 최근 들어 정치인에 대한 존경심은 사라지기 시작했다. 일반 국민들은 정치인들을 사회에서 가장 부패한 집단으로 간주하기 시작했다. 따라서 사회에 정치 기피 현상이 나타나기 시작하면서 정치에 직접 참여하는 정치인의 자질이 떨어지기 시작했다.

최근 들어 한국의 국민들은 정치인에 대해서 정치인 자신이 가지고 있는 능력보다도 높은 점수를 주려고 하지 않는다. 정치인들이 국민들로부터 불신을 받는 이유는 아직까지 한국의 정치가 제도화 되지 못한 수준에서 정치 후진성을 면하지 못하고 있는 실정이 가장 큰 이유다. 특히 선거만 끝나면 선거자금 문제로 잡혀 들어가는 정치인들의 모습을 보고 국민들은 정치인에 대해서 실망과 분노를 금하지 못한다.

따라서 한국의 정치인들이 신뢰를 회복하기 위해서는 우선 정치발전을 위한 제도화 장치가 필요하다. 사무엘 헌팅톤은 정치발전이란 정치의 제도화를 의미한다. 정치의 제도화란 한마디로 요약하면 한국풍토에 적합한 정치체제를 만들어서 운영해 나간다는 말이다. 정치인이 선거만 끝나면 자금문제로 문책 당하는 것을 막기 위해서는 자금법을 확실하게 정비하여 비리가 없도록 한다는 말이다. 한국의 정치발전을 위해서는 국가와 국민이 힘을 합쳐서 정치의 제도화를 시키는 일이 가장 시급한 일이다.

정치인의 신뢰 회복과 함께 우리나라의 암적 존재인 지역주의에 대해서 선거 때만 되면 지역주의를 일부 정치인들은 부추기는 현상이 초래되고 있다. 물론 선거 때는 바람몰이가 필요하기 때문에 선거 전략상 지역주의는 필요하다. 그러나 거시적인 차원에서 한국의 정치발전을 위해서 지역주의를 부추겨서는 안 된다고 본다.

지역주의를 바탕으로 활동해온 3김이 모두 정치권에서 물러나 이제는 고인이 되어서 지역주의 현상이 약화되기는 했지만 아직까지도 지역주의의 잔재는 후대 정치인들이 풀어야 할 숙제로 남아있다.

# 수직적 이동사회에서 수평적 이동사회로
## 이동으로 인한 지역주의

　지역주의는 어느 나라 어느 시대를 막론하고 존재하고 있다는 것은 앞에서 언급하였다. 그러나 문제는 한국과 같은 지역주의 현상은 세계적으로 어느 나라 어느 시대에도 존재하지 않고 있다. 이러한 한국의 지역주의 현상을 정치 및 사회 구조적 측면에서 파악하여 볼 수 있다.

　한국의 지역주의는 정치적인 면에서는 권위주의와 파벌주의의 산물이라고 규정 지울 수 있다. 또한 사회적 측면에서는 전통유교주의에 의한 수직적 이동사회의 산물이라고 규정할 수 있다. 한국의 권위주의와 파벌주의는 유교주의 사회를 바탕으로 한 수직적 이동사회가 만들어낸 현상이다. 유교주의 사회에서는 사회 안정과 질서를 바탕으로 한 정치, 경제, 문화 등 모든 것이 형성되어진다. 마르크스 사상에서 하부구조인 생산형태가 상부구조인 정치, 사회, 문화, 예술 등 모든 것을 형성한다고 보면 유교주의를 바탕으로 한 사회에서는 하부구조인 유교사상이 상부구조인 정치와 문화 등 모든 것을 형성한다고 생각하면 된다.

한국의 질서와 안정을 유지하기 위한 사회를 구성하기 위해서 우리나라는 조선시대부터 국가의 구조가 수직적 관계에 의한 사회구조를 형성하여 왔다. 정치의 경우는 왕을 중심으로 한 일부 관련된 선비들만 정치에 관계하고 나머지 모든 국민들은 복종자로서 정치인과는 통치자와 복종자로서 수직적인 관계를 형성하여 왔다.

따라서 국민들은 왕과 정치인들이 무슨 일을 하던 상관할 바가 아니라고 생각하고 정치에는 관여하지 않았다. 따라서 지배계급에 대해서는 절대복종하는 것이 불문율이 되어 버렸다. 당시는 말단 아전계급까지도 국민들 위에서 군림하는 시대였다.

조선시대의 권위주의는 해방 후 우리정부가 구성된 후에 독재정치와 맞물려서 권위주의 체제와 파벌주의를 불러일으켰다. 조선시대의 수직적 이동관계의 사회는 파벌주의를 가져오게 되었다. 수직적 관계의 사회에서는 친구나 동료보다는 윗사람과 아랫사람의 관계가 훨씬 더 중요하였다.

　사회에서는 카리스마를 가진 한 사람의 인물을 중심으로 모든 단체가 구성되어졌다. 과거 우리나라 조선시대의 역사를 보면 어떤 정책을 지향하기 위해서가 아니라 한 사람의 인물을 중심으로 파가 형성되어서 당파싸움을 하였던 것이다.

　이러한 우리의 파벌주의는 해방 후 건국과 함께 그대로 나타나서 현재까지 그대로 이어지고 있다. 현재 정치적인 관점에서 보면 한국 정당의 특성은 정강이나 정책을 목적으로 사람들이 모여드는 것이 아니라 인물위주로 사람들이 모여드는 것이다. 따라서 카리스마를 가진 사람들이 정당을 구성하였다 그 사람이 없어지면 그 정당도 사라져 버렸다.

　조선시대부터 내려온 수직적 이동식 사회체제는 해방 후 최근까지 우리나라 정치 및 사회 전반에 끼친 영향은 권위주의, 파벌주의 및 관료주의 사회를 만들었다. 관료주의는 공무원을 비롯한 관료들이 국민아래서 국민을 위한 봉사자로서의 자세로 임하는 것이 아니라 국민 위에 군림하는 것이다.

이러한 관료주의는 과거 조선시대의 말단 벼슬아치 아전이 국민들 위에서 국민들을 등쳐먹던 것과 같은 양상인 것이다. 관료주의는 공무원들이 대 민간 업무에서 업무를 처리하는 과정에서 국민들을 쉽게 생각하면서 괴롭히고 부정과 부패를 쉽게 저질렀다.

한국의 수직적 관계는 권위주의와 관료주의 및 파벌주의 현상을 초래하였으며 이러한 현상은 군사정부에 의해서 시작된 지역주의 현상을 초래한 근원을 만들었다. 군사정부는 권위주의를 바탕으로 국민들은 정치에 간섭하지 못하게 하였으며 국민과 정치인은 통치자와 지배당하는 자로 규정하는 수직적 관계를 유지하면서 국민이 정치에 관여하는 것을 배제시켰다.

이러한 수직적 이동관계는 엘리트 충원과 지역개발에 있어서도 국민의 의사를 무시하고 정권을 잡은 쪽에서 자기 사람을 충원하고 자기출신 지역을 개발함으로써 지역개발 불균형 현상과 인사원칙을 깨뜨리는 현상을 초래하였다.

수직적 이동에 의한 엘리트 충원과 지역불균형 개발은 혜택을 보는 지역과 피해를 입는 지역으로 갈라지게 되었다. 이러한 현상은 당시는 국민들이 독재정권 앞에서 표출하지는 못하지만 잠재적인 갈등으로 남아서 선거나 대표자 선출에서 명백한 갈등현상으로 표출되는 것이다.

 따라서 우리나라가 현재 겪고 있는 지역주의는 거시적인 차원에서 보면 유교주의에 의한 수직적 이동 관계가 가장 중요한 원인 중의 한 요소라고 규정할 수 있다. 그러면 이러한 상황에서 우리나라의 지역주의의 전망은 어떠한가?

 현재 한국은 수직적 이동사회에서 수평적 이동사회로 옮겨가는 과도기적 단계라고 규정할 수 있다. 수평적 이동사회에서는 상하 관계가 명령하달식의 관계가 아니라 서로의 의견을 존중하는 식의 관계이다. 물론 수평적 관계에서도 경험이나 연륜은 존중해주는 관계이다. 그러나 나이가 많고 경험이 풍부하다고 해서 무조건 복종하고 존경하는 식은 아니다. 수평적 관계에서는 민주주의적인 방법을 적용하여 젊은 사람들도 윗사람의 의견에 제동을 걸 수도 있다. 이러한 수평적 관계의 사회에서는 권위주의나 관료주의 근성 및 파벌주의가 존재하지 못하며 모든 국민들은 원칙과 합리주의에 의해서 행동하게 된다.

 한국은 수직적 이동관계에서 수평적 이동관계로 넘어가는 과도기적 단계에 들어섰다고 할 수 있다. 수직적 관계를 유지하고자 하는 60세 이상의 구세대와 수평적 관계로 옮기려는 2030세대와 P세대를 들 수 있다. 최근 선거에서 나타나는 양상은 수직적 관계와 수평적 관계를 주장하는 두 세대 간의 대결이라고 볼 수 있다.

60세 이상의 세대들은 아직까지는 전통 유교주의 사상에 의한 질서와 안정을 원하는 반면 2030세대와 4050세대는 모험과 도전을 요구하고 있다. 따라서 2030세대는 한국에서 암적으로 존재하고 있는 지역주의에 대해서 부정적인 시각에서 쉽게 없애려 노력할 것이다.

우리의 수직적 이동관계에서 수평적 이동관계로 변화를 앞당기는 것은 후기산업사회에서 정보화 사회의 도래의 혜택인 것이다. 정보화 사회의 도래는 시공간을 초월한 사회를 구성하고 있기 때문에 우리의 지역주의가 사라질 가능성은 점점 커져가고 있다고 할 수 있다.

# 지역주의의 역사적 고찰

우리 주변의 국가들의 지역 이기주의 현상은 동서고금을 통해서 존재하고 있다. 그러나 현재 한국이 존재하고 있는 지역 이기주의 현상은 정치, 경제, 사회, 문화적인 차원에서 총체적인 병폐로 남아 있다.

특히 1961년 군사정권이 등장한 이래로 한국의 지역주의의 갈등은 미국의 흑백 간의 인종분쟁 만큼이나 심각한 상태로 번져 나갔으며 이후 현재까지도 지역감정은 계속되어 오고 있다. 따라서 현재까지 사라지지 않고 있는 한국의 지역주의 원인은 무엇인가에 대해서 역사적인 규명이 필요하다.

앞에서도 언급한 바와 같이 지역이기주의는 다민족으로 구성된 국가에서보다는 단일민족으로 구성된 국가에서 보다 심각하게 나타나는 현상이다. 특히 지역이 좁은 국가일수록 더욱 심각하다. 최근 영국에서 아일랜드가 독립을 요구하면서 분쟁을 일으킨 이유도 지역이 좁은 원인 중의 하나이다.

한국은 지정학적으로 북쪽으로 뻗어 올라가야만 하는 위치에 있는 반도국이다. 그러나 고대로부터 우리는 북쪽의 강대국들의 세력과 맞물려서 북진할 기회가 없었다. 따라서 한국은 한반도 내에서 단일민족 국가끼리 서로 부족국가를 형성하여 서로 통일하기 위해서 수천 년간 싸움을 계속해 왔다. 이렇게 해서 우리의 역사는 삼국시대, 후삼국 시대를 거치면서 단일국가로 통합하기 위해서 각국이 치열한 혈전을 벌인 것이다.

단일민족이 제대로 근대의 서양 국가와 같은 정식 국가로서 모양을 갖춘 것은 조선시대부터이다. 이 시기는 서양도 르네상스 시대에 해당하며 국가가 교황 중심에서 탈피하여 왕이 국가의 권력을 장악하여 절대군주로서 왕권을 확립해나가던 시기였다.

이탈리아를 중심으로 문예부흥 즉 인간중심의 세계로 접어들면서 각국들은 왕 중심의 국가를 확립해나가려고 노력했다. 특히 이

시대의 정치 사상가로 마키아벨리를 들 수 있다. 마키아벨리의 군주론은 왕은 사자와 여우의 양면성을 지닌 군주가 되어야 한다는 강력한 왕 권력을 이론적으로 뒷받침해 주었다. 이 시기에 이탈리아는 몇 개의 지역으로 분할되어져 있었기 때문에 절대적으로 통일이 필요한 시기였다. 또한 존 보딘 같은 학자는 왕권신수설을 주장하며 왕 중심의 국가 수립을 지원해 나갔다. 이와 같이 서양도 지역이 분권된 상태에서 지역 패권주의는 계속되었다. 오스트리아, 독일, 프랑스 등 유럽 중심국가들은 지역 이기주의를 내세워 지역을 통합하여 강한 왕국으로 만들어나가는 과정에 있었다.

우리나라의 지역주의 역사는 서양의 국가들보다 훨씬 오랜 역사를 가지고 있다. 우리나라의 지역주의는 삼국시대로 거슬러 올라갈 수 있다. 삼국시대는 신라, 고구려, 백제의 삼국이 지역을 바탕으로 국가를 형성하였다. 이때부터 한국의 혈연 및 지연주의의 사회가 형성되고 지역 특성의 문화를 형성하였다. 특히 그 당시는 교통수단이 발달되지 못한 상태에서 주민 간의 왕래는 극히 없는 상황에 있었기 때문에 지역 상호 간의 교류는 거의 없었다.

설상가상으로 전 국토의 70%가 산으로 구성되어 있는 지형에서 지리산 등 험악한 산맥이 국토의 중앙을 가로지르고 있어서 삼국 간의 자연스러운 교류는 불가능한 상황에 있었다. 물론 정치적으로 각 국의 외교 수립을 위한 문화적 교류는 있기는 했지만 이것은 극히 예외적인 상황이었다. 오늘날 13도 주민들이 지니고 있는 특성은 이때부터 형성되어졌다고 생각한다.

각 지역을 바탕으로 국가가 형성되어졌기 때문에 과학과 문명이 발달되지 못한 그 당시는 자연 지역적 환경을 극복하고 적응하지 않으면 생존할 수가 없었다. 따라서 삼국의 지역주민들의 특성도 자연히 자연환경에 의해서 형성되었다.

고구려가 자리를 잡고 있던 지금의 북한은 평안도와 함경도 주민의 기질과 성격을 형성하도록 하였다. 평안도와 함경도 주민의 성격과 특성은 험한 산악과 추운 날씨에 적응해 나가면서 북방의 강대국들과 맞붙어서 싸우지 않으면 생존할 수가 없었다.

따라서 북방의 고구려 민족의 후손인 함경도와 평안도 사람들의 기질은 남쪽 국가인 신라와 백제의 후손인 경상도와 전라도 사람들보다 훨씬 강하면서 호전적인 기질과 성격으로 형성되어졌다. 사실상 오늘날 이북 출신들의 성격은 남쪽 사람들보다 훨씬 강인함이 있다. 이러한 고구려인들의 성격상의 강인함에도 불구하고 삼국의 지역을 통일하지 못하고 신라에게 패하고 말았다. 한편 경상도와 전라도는 고구려가 중심이 되었던 함경도와 평안도보다 지역적으로 가까이 있었기 때문에 훨씬 문화적 교류가 많을 수밖에 없었다.

산이 비교적 많은 지역 환경을 가진 경상도와 비교적 넓은 평야를 바탕으로 한 전라도는 주민들의 성격과 기질 면에서도 많은 차이가 있었다. 특히 지리산이라는 험한 산맥이 양도를 가로지르고 있어서 경상도는 산골의 척박한 환경을 극복하기 위해서 소심한 면과 노력을 필요로 하는 기질을 형성하였다. 한편 전라도는 비교적 풍부한 풍토를 바탕으로 보다 활달한 성품을 형성하였다. 오늘날 경상도 주민들의 성격과 전라도 주민의 성격은 이러한 바탕으로부터 형성되었기 때문에 많은 차이가 있는 것이다.

오늘날 한국의 정치에 많은 영향력을 행사하는 지역주의는 결국은 이렇게 형성되어온 주민들의 기질과 성격의 차이점을 극복하지 못한 것도 한 원인으로 작용하고 있다.

근대 국가의 형성은 조선시대부터이다. 조선시대에 들어서면서 양반계급이 주도권을 잡고서 정국을 운영해 왔다. 이러한 양반계급은 그 수가 많아져 서서히 제도를 정비하면서 서자 출신의 양반계급의

벼슬길 진출을 막음과 동시에 지역에 대한 편견을 두기 시작했다. 특히 지역주의에 의한 주민의 특성이 뚜렷한 지역 사람들의 정계 진출을 막았다. 조선의 사회구조는 유교 문화에 바탕을 둔 사회였으며 지배권자는 선비계급 다시 말하면 양반계급이 사회 지배층으로 등장하였다. 이러한 학자들이 정권을 쥐고서 나라를 움직였으며 정치인들은 지역 선비들이 자기 고장에서 기른 제자들을 등용하였기 때문에 자연적으로 지역을 배경으로 한 정치권의 파벌이 형성되었다.

예를 들면 경상도 출신들이 중심이 되어 형성된 영남학파라든가 경기도 출신의 학자들이 중심이 된 기호학파는 바로 그 예가 되는 것이다. 이렇게 지역별로 정치권에 진출한 학자들은 자기 지역의 사람들을 등용하기 위해서 타 지역 출신 사람들의 등용을 못하도록 막으려고 노력하였다. 따라서 지역주의에 의한 인재 등용이 조선의 중반기와 하반기로 넘어오면서 더욱 심화되었다.

이렇게 지역주의에 의한 인재 등용에 불만을 품고서 일어난 두 개의 큰 사건을 예를 들 수 있다. 하나는 서북인 즉 평안도 출신 인사를 기용하지 않는다는데 대한 불만으로 일어난 홍경래의 난이며 다른 하나는 대동계를 조직한 정여립 사건이었다.

## 지역주의 전망과 극복요소

지역주의는 과거의 지역주의와 달리 극복 가능성을 가지고 있다. 거시적 차원에서 지역주의를 타파할 수 있는 자연적인 요소들로서는 2030세대의 등장, 정보통신의 발달, 정부형태의 변화 등을 들 수 있으며 미시적 차원에서는 3김 세력의 소멸, 피해의식 감소 등을 들 수 있다. 또한 내외적인 요소로서는 후기 산업사회에서 정보화시대의 등장으로 인한 도시 및 지역 개념의 붕괴현상, 다원화 시대, 세계화 시대 등이 요소다.

이제 세계는 산업혁명으로 인한 산업사회에서 정보혁명으로 인한 정보화 사회로 접어들었다. 정보화 사회에서 우리는 두 개의 도시에서 살고 있는 것이다. 하나는 산업사회에서 만들어진 물리적 공간인 도시와 다른 하나는 정보 혁명에 의해서 그물망으로 얽혀져서 시공간을 초월한 공간도시에 살고 있다. 공간도시는 도시의 개념을 붕괴하여 국경을 초월하여 도시를 건설할 수 있다.

이제 지역이나 경계선을 넘어선 도시를 건설할 수 있는 것이다. 뉴욕과 동경, 서울의 세 개 도시를 연결하여 하나의 금융도시를 건설할 수 있으며 한 은행이 서울에 본사를 두고 동시에 남미나 아프리카 등에 공간이 필요 없는 지사를 설립할 수 있는 시대가 도래하였다.

따라서 지역적으로 광주와 대구, 부산을 디지털 그물망을 형성하여 도시를 건설하여 지역주의의 개념을 없앨 수 있다. 정부 형태는 점차적으로 권위주의 정부 형태로부터 민주주의 형태의 참여 정부형태로 바뀌어져 가고 있다. 이러한 정부 형태는 과거엔 모든 정책을 정부가 일방적으로 결정하여 정책을 추진해 나갔으며 그 정책의 성공과 실패에 대해서 정부는 국민에 대해서 책임을 지지 않았다.

그러나 지금의 정부는 국민들이 정부의 정책에 대해서 평가를 하기 때문에 과거와 같이 엘리트 충원문제나 지역개발 문제에 대해서 한쪽으로 치우치는 정책을 추진하는 경우 국민들이 평가를 하기 때문에 지역주의에 의한 정책추진은 점점 어려워지게 되었다.

여기에 더불어 수십 년간 한국 정치를 지역주의를 바탕으로 움직여왔던 3김 정치가 이제 모두 정치 일선에서 물러나서 고인이 되었기 때문에 그들을 중심으로 하는 지역주의 세력은 거의 사라지게 되었다. 사실상 당시 한국의 정치는 3김이 지역을 발판으로 정치를 해왔다. 따라서 이 3김의 세력 약화는 앞으로 지역주의를 없애는데 크게 기여할 것으로 전망된다.

다음으로 36년간 정권을 유지해온 영남 정권으로부터 호남지역으로의 정권교체는 호남인들의 피해의식을 감소시키는데 크게 기여하였다. 특히 영남인들도 정권을 빼앗긴데 대한 허탈감 내지 피해의식을 느끼고 있기 때문에 정권교체는 우리의 지역주의를 타파하는데 도움이 되고 있다. 앞에서 언급했듯이 역사학자 토인비는 "역사는 그 자체를 되풀이 한다."라고 했다. 이 말은 영원한 패권자는 존재하지 않는다는 의미이다. 결과적으로 영호남의 정권교체는 지역주의를 타파하는데 크게 기여하리라 기대된다.

## 지역주의 타파를 위한 방안

    한국에서 정치발전을 위해서 암적인 존재로 남아있는 지역주의는 역사적인 환경과 추세에 힘입어 극복할 수 있을 가능성이 커졌다. 우선 지역감정을 없앨 수 있는 요소들이 자연스럽게 나타나고 있다. 국내적인 요소로서는 과거의 권위주의 정부형태인 정부가 국민 위에 군림하던 시대에서 국민을 위한 정부형태로 탈바꿈하면서 지역주의에 의한 경제적인 이해관계가 투명화되어져 가고 있다.

    국민의 뜻에 반대되는 집권당이 국민과 언론의 눈을 속여 부정과 부패를 저지르면 얼마 못가서 그대로 들통이 나버리는 시대가 되었다. 1960년대 초에 시작된 한국의 지역주의 현상은 이제 60년을 넘어섰다. 그동안 국내적으로는 정권이 수차례 바뀌었으며 국제적으로는 미소 양극화 체제에서 다극화 현상을 거쳐 미국의 신패권주의 시대로 접어들었다. 경제적으로는 미국에 의존하는 후진국 형태에서 상호의존 관계를 유지하는 중진국 수준의 경제형태의 국가 수준을 넘어서 이제는 경제브랜드 세계 10위의 경제대국으로 발전하게 되었다.

외교안보적 차원에서도 북한과는 적대관계에서 화해관계를 거쳐 이제는 남북공동체 체제를 필요로 하는 시대에 접어들었다. 이제 우리는 월드컵 4강 신화를 만들었다. 이러한 신화는 우리나라가 선진국 수준으로 들어갈 수 있다는 것을 보여주고 있다. 그러나 우리에게 가장 시급한 것은 경제적으로나 문화적인 수준에 비해서 정치적으로 가장 후진국의 수준을 벗어나지 못하고 있다. 선거만 끝나면 터져 나오는 정경유착의 고리는 국민들이 정치인에 대해서 불신감만 더해주고 있다. 이렇게 한국이 정치적으로 가장 후진국 수준을 벗어나지 못하고 있는 이유는 근본적으로 한국에서 아직도 뿌리를 내리지 못하고 있는 지역주의 때문이다.

지역주의 타파를 위해 많은 학자들과 실무정치인들이 노력을 해왔다. 그러나 지역주의는 선거 때만 되면 다시 살아나고 일부 정치인들은 지역주의를 부채질하기도 한다. 지역주의 타파를 위한 요소들로서 MZ세대에 의한 혁명, 내각제 정부형태로의 전환, 물리적 지역의 개념을 붕괴하는 공간도시와 전 국가의 도시화와 지역문화의 융화정책, MZ세대의 적극적 정치참여 유도, 엘리트 충원 및 지역개발 등에 획기적인 지역안배 정책, 중앙정부에서 지방정부로의 분권화 정책, 정보통신의 활용을 이용한 국민의 직접참여 정책 등을 들 수가 있다.

### ❶ MZ세대에 의한 혁명과 투표연령을 낮춤

일반적으로 정치적으로 변혁은 개혁과 혁명의 개념으로 나눌 수 있다. 개혁은 영어로 "reform"이라고 하며 혁명은 "revolution"이라고 한다. 개혁과 혁명은 모두 기존의 정치형태를 바꾼다는 의미이다.

우리 정치사를 통해서 개혁이라는 말은 이미 5공화국이래로 계속되고 있다. 개혁이 성공하려면 기존의 모든 것을 부정하여야만 한다. 한국의 경우 개혁에 성공을 하였더라면 우리 정치는 후진국의 수준을 이미 벗어났을 것이다. 그러나 우리정치가 아직까지 후진국의 수준을 벗어나지 못한 이유는 바로 개혁에 성공을 거두고 있지 못하고 있기 때문이다.

우리나라 정치개혁이 성공하기 위해서는 지역주의부터 뿌리를 뽑아야 한다. 지역주의를 없애기 위해서는 우리는 우선 MZ세대에 의한 혁명을 생각할 수 있다. MZ세대는 기존의 기성세대와는 다른 특성을 가지고 있다. MZ세대란 밀레니언 세대의 M자와 영끌까지 모아서 없앤다는 영어의 Zero의 Z자를 합쳐서 부르는 말이다. 컴퓨터나 스마트 폰을 잘 활용하여 생활하는 세대를 말한다. 따라서 MZ세대는 컴퓨터나 스마트 폰을 활용하여 SNS(Social Network Service)를 구축하여 다양한 접촉과 사회활동을 하는 세대를 말한다.

MZ세대는 또한 사회정의를 위해서 앞장을 설 수 있을 만큼 때가 묻지 않는 세대이다. 이 세대는 지역주의가 무엇인지 알지만 실지로 지역주의를 경험하지 못한 세대이다. 따라서 지역주의를 타파하기 위해서는 어느 한쪽의 편에 서서 감정에 사로잡힐 세대는 아니다.

MZ세대는 정보화 시대가 필요로 하는 컴퓨터를 다룰 수 있는 기술을 가지고 있다. 정보화 시대는 지식과 정보가 사회를 움직이는 가장 큰 힘인 것이다. 좋은 정보를 찾기 위해서 인터넷을 활용할 수 있어야 한다. 동시에 그 정보를 SNS를 통해서 정보를 공유할 수 있는 능력을 가지고 있어야 한다.

정보화 시대에서 인터넷이 정치에 미치는 영향력은 막강하다. 정보화 시대에 인터넷의 영향력은 방송의 힘보다 수십 배의 폭발력을 가지고 있다. 또한 인터넷이 퍼져 나가는 확산력은 바이러스가 번져 나가는 것보다 더 빠른 속도로 번져 나가고 있다.

인터넷이 정치에 미치는 영향은 인터넷은 전체주의 시대의 독재자와 같을 수도 있으며 자유민주주의 정신인 직접민주주의 시대를 가져와 모든 국민이 동시에 정치에 참여할 수 있도록 하기도 한다. 우선 인터넷으로 인해서 모든 국민이 자기 주관이 흐려져 한쪽의 군중심리에 빠져 들 수 있다. 인터넷은 전체주의 시대의 독재자와 같이 국가의 정치, 경제, 사회, 문화적인 면에서 모든 것을 통제할 수 있다. 따라서 잘못 인터넷을 이용하는 경우는 국가는 전체주의 국가로 변해서 국민들은 자신의 신념이나 주관에 의해서 사회에 참여하는 것이 아니라 인터넷이 지시하는 대로 군중심리에 이끌려서 인터넷의 노예로 변하게 될 수 있다. 그러나 인터넷을 잘 이용하는 경우는 민주주의 정신인 시간과 공간을 초월하여 모든 국민이 정치에 참여하는 직접민주주의를 실현시킬 수 있는 것이다. 우리는 인터넷과 함께 생활하는 MZ세대를 활용하여 MZ세대에 의한 정치혁명이 일어나야 한다. 5공화국 시대부터 시작된 우리의 정치혁명은 성공을 거두지 못하고 있기 때문에 우리 국민들은 정치에 환멸을 느끼고 있다.

역사적으로 볼 때 정치혁명은 대부분 젊은 세대에 의해서 이루어진다. 우리의 경우 역사적으로 볼 때 4.19 혁명도 결국 학생들이 주도하여 이승만 독재정권을 전복시켰다. 이외에도 전 세계사를 통해서 정치적인 혁명은 젊은 세대에 의해서 이루어졌다.

우리가 MZ세대에 대해서 기대를 거는 것은 한국은 현재 수직적 이동관계의 사회로부터 수평적 이동관계로의 사회로 변화하고 있는 단계에 있다. 수직적 이동관계는 결국 독재사회를 창출하도록 했으며 그 결과 한국은 엘리트 충원과정과 지역개발과정에서 특정지역인사와 특정지역 개발을 위주로 하였기 때문에 결국 현재의 지역주의 현상을 초래하게 되었다.

또한 정당운영에 있어서도 권위주의와 파벌주의를 탄생시켰으며 정부의 관료들도 국민 위에 군림하는 관료주의식 권위주의를 만들었다. 이러한 수직적 이동관계는 권위주의 체제 하에서 교육을 받은 기성세대들의 힘으로는 없앨 수 없다. 그러나 MZ세대는 권위주의에 대해서 반발하고 도전할 수 있는 세대다. 우리는 MZ세대로부터 수직적 이동관계에서 완전히 벗어나서 수평적 이동관계로 사회의 체제를 완전히 바꾸어야 한다. 수평적 관계에서는 권위주의는 존재할 수 없다.

따라서 정치권에서는 MZ세대가 정치에 적극적으로 참여할 수 있도록 투표할 수 있는 연령을 재조정하여야 한다. 이들이 정치에 관심을 가지고 정치에 참여할 때 지역주의는 완전히 사라질 것이다. 또한 이들은 인터넷을 활용하여 정치 세력화할 수 있는 만큼의 능력과 기동력을 가지고 있다. 기성세대는 비록 경험을 갖추고 있다고 할지라도 수직적 사고방식에 젖어있는 세대이기 때문에 한국의 암적 존재인 지역주의 타파를 위한 개혁을 이루어낼 수 없다.

우리는 히딩크가 월드컵 4강을 이루어 내는 과정에서 히딩크식 방법을 도입하여 기존의 경험과 자질을 무시하고 전혀 경험이 없지만 가능성이 있는 신진을 발탁하였다. 우리도 지역주의 타파를 위해서는 MZ세대를 앞장 세워야 한다.

다시 강조하면 MZ세대에게 투표에 참여할 수 있도록 투표 연령을 낮추어야 한다. 이러한 선거의 연령을 낮추어서 MZ세대가 투표에 참여하고 정치에 관심을 가지도록 하여야 한다. 또한 그들은 전당대회나 후보자 공천과정에서도 참여하도록 하여야 한다. 이렇게 될 때 한국의 지역주의는 타파될 수 있다.

❷ **대통령제에서 내각제로 전환**
지역주의를 타파하기 위해서는 한국의 정치제도를 바꾸어야 한다. 한국의 대통령제는 미국식 대통령제의 영향을 강하게 받은 것이다. 그래서 한국의 대통령제는 유럽의 의회민주주의나 프랑스식 대통령제와는 다르다. 프랑스식 대통령제는 의회의 불신임에 의해서 내각을 해산하고 다시 내각을 구성할 수 있다. 그러나 미국식 대통령제를 택하

고 있는 한국의 경우 대통령의 임기동안에는 그럴 수가 없다. 한국의 대통령제는 외형상의 특징과 실제 수행되는 것과는 큰 거리가 있다.

일반적으로 대통령제의 특징으로는 삼권분립에 의한 상호견제와 균형, 대통령의 책임 있는 정국의 운영 등을 들 수 있다. 그러나 제1공화국부터 현재까지 한국의 대통령제는 많은 문제점을 가지고 있다.

대통령제의 장점은 유권자의 보통선거에 의한 행정수반의 직접선거, 대통령의 임기보장에 의한 집행부의 안정, 권력분립에 의한 제한된 정부 등으로 요약할 수 있다. 반면에 대통령제의 단점은 행정부와 입법부의 교착상태, 일시적 경직성, 승자만이 모든 것을 가짐 등을 들 수 있다.

정치제도 및 의식이 선진화된 국가에서는 행정부와 입법부의 교착상태가 가장 큰 문제점이다. 그러나 한국과 같이 정치적으로 선진화되지 않은 국가에서는 대통령의 권한이 입법부나 사법부에 비해 상대적으로 강한데 있다. 대통령은 행정부의 책임자 역할뿐만 아니라 국가 원수로서의 역할도 담당한다.

미국의 대통령제도 초기에는 권한이 약했으나 남북전쟁과 1, 2차

세계대전 등 비상사태를 겪으면서 점차적으로 강화되었다. 한국의 경우는 비상권까지 포함하고 있어 미국 대통령의 권한보다 크다. 따라서 한국의 대통령의 권한은 대권이라고 부를 정도로 강력하다. 이러한 한국의 대통령제는 경직성과 승자만이 모든 것을 갖는다는 대통령제의 단점을 물론 포함하고 있다. 한국을 포함한 신생국의 대통령의 권력은 결국 절대적 권력으로 변해 버렸다. 토마스 액톤경은 "절대권력은 절대적으로 부패한다."라고 했다. 지난 70년 동안 한국의 대통령제가 남긴 가장 큰 후유증은 지역주의 문제다. 미국의 인종 문제에 해당하는 지역주의는 결국 지역할거주의를 만들어서 정치발전의 암적인 존재가 되고 말았다.

한국의 경우 장면 정권 때 내각제를 채택했으나 국민들의 정치의식의 미숙과 내각의 비효율적 운영으로 인해 단명으로 끝나고 말았다. 내각제 역시 대통령제와 마찬가지로 문제점이 있다. 내각제의 가장 큰 문제는 수상의 임기가 제한되어 있지 않다는 것이다. 따라서 내각제 역시 1인 장기집권의 위험을 배제할 수 없다. 내각제의 또 다른 단점은 삼권이 분리되어 있지 않다는 것이다. 내각제는 입법부와 행정부의 합병이다. 그리하여 경우에 따라서는 입법부와 행정부가 합쳐 권력을 남용할 수 있다. 내각제의 수상은 민주주의의 기본원칙에 위배되는 간접선거에 의해 선출된다. 수상은 당 의석수를 가진 당의 당수가 되므로 국민의 직접선거에 의하지 않고 최고 책임자가 된다. 따라서 국민이 원하지 않을 경우에도 소속당의 다수의석 확보에 의해 수상이 될 수 있다.

한국의 경우 이상의 내각제 문제점이 크게 우려된다고 볼 수 없다. 내각제로 전환하는 경우 우선 대통령 1인에게 집중된 권력을 분산시킬 수 있다. 권력을 국회로 옮김으로써 1인에 대한 권력 집중 현상을 막을 수 있다. 또한 내각제가 실현될 경우 국민에게 직접 책임지는 책임정치를 할 수 있다. 그리하여 내각제는 여야의 정권교체가 쉽게 일어날 수 있다.

한국은 그동안 남북 분단 등 여러 가지 국내외 여건으로 인해 정치의 보수화 현상을 가져와 세대교체가 일어나기 힘들었다. 그러나 내각제로 인해 다당제의 가능성이 커지고 그에 따라서 진보세력의 원내 진출이 가능하다. 신진 인물들이 쉽게 국회에 진출할 수 있어 국민과 가까운 국회가 될 수 있는 것이다. 한국이 내각제로 전환할 경우 금권정치를 막을 수 있다. 한걸음 더 나아가 타협과 협상의 정치로 인해 남북통일에도 보다 유리할 수 있다.

한편 이원집정제에 대해서 살펴보자. 이원집정제는 수상과 대통령이 권력을 분담하는 정치제도이다. 예를 들면 대통령은 국가를 대표하고 전통적으로 국왕의 권한인 외교와 국방을 담당한다. 이에 비해 수상은 실질적인 분야를 담당한다. 한국에서의 이원집정제에 대한 논의는 대개 프랑스식 이원집정제를 모델로 삼고 있다.

프랑스식 이원집정제는 대통령은 국가원수로서의 상징성을 가지고 수상은 행정부를 총괄한다. 따라서 수상의 힘이 대통령의 권한을 능가한다. 대통령의 권한은 외교와 국방에 국한된다. 한국이 이원집정제를 채택할 경우 대통령의 권한을 대폭 축소하여 국가를 대표하는 상징적인 존재로 만들어야 하고 수상은 권한을 대폭 강화하여 실질상의 권한을 갖도록 해야 한다. 프랑스의 경우 대통령 미테랑과 수상 시라크의 오월동주 시절 시라크의 권한이 미테랑보다 강했던 점은 이원집정제의 모델을 잘 보여주고 있다.

한국의 지역주의를 타파하기 위해서는 대통령제에서 내각제로의 전환이 필요하다. 따라서 한국의 지역주의 타파라는 거시적인 차원에서 일반적인 대통령제와 내각제의 장단점을 다시 비교해 볼 필요가 있다.

대통령제의 장점으로 먼저 거론되는 집행부의 안정성은 대통령의 임기보장에 기초를 두고 있다. 이 점은 내각제의 경우 의회가 불신임

의결에 의하거나 그렇지 않은 경우라도 의회에서 다수지지를 성실한 결과로 내각을 해체하는 권한을 자주 행사함으로써 야기될 수 있는 집행부의 불안정성과 잘 대조된다.

그러면 내각제 하에서 내각불안전성 문제가 얼마나 심각한 가이다. 이와 관련하여 두 가지 경우를 볼 수 있다. 내각부 안정은 내각의 평균 존속기간이 7-10개월에 불과했던 프랑스 제4공화국에서와 같은 극단적인 상황을 가정하는 경우에만 문제가 된다는 것이다. 이처럼 잦은 내각 교체는 내각의 통치 효과에 실로 해악을 줄 것이다. 그러나 내각이 다당연합으로 구성되는 경우에도 대다수 내각제 정부는 프랑스 제4공화국보다도 안정적이었다. 그리고 내각이 적어도 2, 3년간 유지되는 경우에도 4-5년이라는 고정된 기간 동안 임기가 보장되는 대통령제와는 차이가 무의미해진다.

다른 반대 논거는 내각제 하에서의 집행부의 불안정성은 상황의 변화 또는 집행부의 중대한 실패로 인해 정치권력의 교체가 요구되는 경우 정부를 신속히 교체할 수 있도록 체제에 신축성을 주는 반면 대통령제 하의 집행부의 안전성은 위험한 경직성을 초래할 수 있다.

대통령제의 두 번째 장점은 대통령제 하에서는 행정 수반을 유권자에 의한 보통투표로 선출함으로써 선출방식이 내각제 하에서 이루어지는 집행부의 간접선거 방식보다 민주적으로 간주될 수 있다는 점이다. 물론 민주주의는 모든 공직자를 국민의 보통투표를 통해 선출할 것을 요구하지는 않지만 민주주의 체제에서 가장 중요하고 가장 강력한 공직자인 정부의 수반은 국민의 직접 선거에 의해 선출되어야 한다는 것은 상당히 타당성을 지닌다. 그러나 실제로 많은 내각제 정부 형태들도 수상의 보통선거에 의한 선출이라는 기능상 대통령제의 그것과 동등한 방식을 갖고 있다. 이는 유권자의 여당 선택이 또한 수상이 될 그 정당의 지도자를 선택함을 의미하는 양당제도에서 특히 그러하다.

반면 수상이 선거 후 정당들 사이에서의 복잡한 협상을 통해 뽑히는 다당제 정치체제에서는 기능적으로 대통령제와 동등한 선출제도를 채택할 가능성이 줄어든다. 더구나 다당제 하에서 여권을 구성하는 정당 간 연합의 변수와 수상의 교체는 유권자의 의사와는 전혀 상관없이 차기 선거가 치러지기 전에 일어날 수 있다. 그러나 문제는 대통령제는 집행권한이 한사람의 손에 집중되는 것은 본질적으로 비민주적인 것으로 간주될지 모른다. 대통령제의 이러한 특징은 민주주의 초기 단계에서는 존재하나 체제가 완전히 민주주의로 진전됨에 따라서 소멸되어야 한다.

대통령제의 단점으로는 행정부와 입법부의 교착상태가 가장 주목받는 일이며 대통령제가 비판되는 가장 기본적인 점이다. 행정부와 의회 간의 갈등은 교착상태나 마비 상태로 변할지 모르는 이 문제는 대통령제 정부가 창조하는 두 개의 독립기관이 공존하는 한 피할 수 없는 결과다.

행정부와 의회 간의 의견이 불일치할 경우 대통령제 하에서는 서로 서로 사이를 좋게 하는 의회 신임 요소와는 달리 분쟁을 해결하는 제도적 방법이 없다. 한 가지 해결책은 분리된 두 힘을 유지하는 것이다. 그 힘들을 불균형하게 유지하는 일이다. 특히 대통령의 권한을 증진시키기 위해서 입법권과 비교하고 또 입법권의 권한을 소모해서 대통령을 더욱 적극적이고 효과적인 정부제도의 선봉 속으로 몰아넣기 위해서 불균형한 두 개의 권한을 유지시키는 일이다.

대통령제의 또 다른 주요한 단점은 일시적 경직성이다. 대통령의 고정된 임기는 정치과정을 사건이 요구할지 모르는 연속적인 재조정을 위해 남겨놓을 틈도 없이 비연속적이고 한정된 기간 속으로 뛰어들게 한다. 대통령제에서는 모든 것이 경직되고 특성화되고 날짜화되기 때문에 유동적인 요소가 부족하며 정부가 필요로 하는 혁신적인 준비는 절대로 부족하다. 그 문제는 대통령이 죽거나 능력이 없는 경우에 자동적으로 부통령의 잦은 계승 때문에 더욱 악화된다.

　대통령제의 세 번째 주요한 단점은 승자만이 모든 것을 가진다는 기반 위에 운영된다는 점이다. 후안 린쯔에 의하면 그러한 게임이 갈등을 불러일으키는 잠재력을 가지고 있는 제로 섬 게임의 민주주의 정치를 만든다는 것이다.

　대통령 선거에서 단지 한 후보와 한 당만이 이길 수 있다. 더욱이 대통령 한사람의 손에 모든 권력이 집중되어 있기 때문에 연합형태를 취할 아무런 자극을 받지 않으며 권력의 역할 분담에 대해서 아무런 관심이 없다. 또한 세분화된 문제들을 처리하기 위해서 필요할지 모르는 야당과의 협상에 참여하는데 거의 자극을 받지 않는다.

　특히 이미 분할되고 양극화된 국가에서는 승자가 모든 것을 갖는다는 것은 더욱 더 분할과 양극화 현상을 초래하게 된다. 따라서 정치는 총괄적이 아니라 배타적이 되어 버린다. 양극화는 잠재적인 위험성을 남기고 있으며 특히 다소간 대등하게 분할된 사회에서는 양극화에 대한 잠재적인 위험이 남아있다.

　대통령제와 내각제를 비교해 볼 때 반 대통령제는 어떻다고 보는

가? 반 대통령제 옹호주의자들은 이 제도는 순수 내각제의 장점들만 혼합했다고 주장하고 있다. 특히 반 대통령제는 대통령제의 가장 심각하고 나쁜 문제인 행정부와 입법부 간의 교착상태를 해결할 수 있다고 주장한다.

기본적으로 대통령이 의회에서 다수의석을 확보하고 있을 때 대통령제는 잘 운영된다. 행정부와 의회는 조화를 이루게 된다. 그러나 의회는 독립하게 되고 대통령을 무조건 지원할 필요가 없다. 교착상태에서의 문제점은 대통령이 의회의 다수의 지지를 받지 못할 때 발생하는 경향이 있다. 이러한 점에서 의회주의로의 전환이 발생하게 된다.

반 대통령주의자들은 반 대통령제는 대통령제의 직접 민주주의 선거와 관련된 안정된 임기의 장점과 의회주의 내각제와 수상을 합병한 장점을 가지고 있다고 주장한다. 더욱이 대통령과 수상과 내각은 동시에 권력분립의 연합을 수립하기 위하여 순수 대통령제보다 더 많은 기회를 제공하고 있다.

정치학자 장 브론델은 설득력 있게 주장하기를 반 대통령제는 위에서 언급한 장점을 어느 정도는 가지고 있으며 1970년대 이래로 계속 추진되어온 민주주의와 반민주주의 형태를 포함한 이중 지도력이라 부르는 정부제도의 일반 형태에 속한다. 브론델은 대통령은 수상에게 더욱 논쟁적인 정치 의무감을 위임할 수 있는 정당의 중재자로서 활동할 수 있다는 점을 계속해서 지적했다.

교착상태의 회피와 대통령의 잠재적인 중재 역할은 특히 강한 논쟁들이다. 그러나 내각제와 대통령제의 모든 장점들이 동시에 운영되지 않을 때에는 논리적으로 주장할 수 없다는 평을 받는다.

예를 들면 대통령제의 관점에서는 반 대통령제는 내각제보다도 연합전선을 구축하기에는 훨씬 적은 잠재력을 가지고 있었으며 또 내각제의 관점에서는 정부는 반 대통령제는 내각제보다도 연합전선을 구축하기에는 훨씬 적은 잠재력을 가지고 있었으며, 또 내각제의 관점에서는 정부의 수반은 직접 선거에 의한 장점을 결여하고 있다. 그럼에도 불구하고 반 대통령제는 부인할 수 없는 장점을 가지고 있다. 특히 대통령제의 불만이 점점 커져가고 있는 대통령제의 국가에서는 큰 매력을 가지고 있다. 반 대통령제는 아르헨티나, 브라질, 콜롬비아 등에서 활발하게 고려되고 있으며 많은 다른 남미국가들에서 상당한 지지를 받고 있다.

우리나라의 지역주의를 없애기 위해서는 정권의 교체가 쉽게 일어나고 또한 권력이 대통령에게 더 많이 주어져 있는 대통령제에서 내 각제로 전환해야 한다. 지금까지 한국의 지역주의는 대통령 한 사람을 중심으로 한 같은 지역주민들이 정치, 경제, 사회적인 면에서 다른 지역주민보다 더 많은 이익을 챙기겠다는 발상에서 나온 것이다. 따라서 지역주의를 없애기 위해서는 대통령 중심제에서 내각제로 반드시 전환하여야 한다.

### ❸ MZ세대의 적극적인 정치참여

지역주의 타파를 위한 중요한 요소는 2030세대 즉 MZ세대의 적극적인 정치참여를 들 수 있다. 다시 말하면 정치에 참여하는 주역이 구세대에서 신세대로 바꾸어야 한다는 것을 의미한다. 2030세대는 40세 이상의 세대와는 다른 특성을 가지고 있다. 대부분 40대 이상의 세대들은 부모의 말과 뜻에 따라서 행동을 하는 세대들이다. 이들은 정치적인 문제인 투표권 행사에 있어서도 부모의 의견에 따라서 뜻을 같이 하게 된다.

MZ세대는 세계화 시대에 부응하여 지역적 편견으로부터 벗어날 수 있는 세대이다. 또한 이 세대는 정보화 시대에 맞추어서 지식과 정보의 중요성을 실감하는 세대이다. 또한 이 세대들은 정치에 적극적으로 개입한다는 사실을 지난번 대선을 통해서 보여 주었다. 따라서 이 세대들은 필요에 의해서 누구의 간섭을 받지 않고 적극적으로 나설 수 있는 세대다.

한국의 정치발전은 장기적인 안목으로 볼 때는 MZ세대에 의해서 이루어져야 한다. 따라서 공천문제나 전당대회에 국민들이 직접 참여할 수 있는 기회를 더욱 많이 가짐과 동시에 MZ세대들이 전당대회나 공천에 직접 참여할 수 있는 기회를 점차적으로 증가시켜 나가야 한다. 정치적 행사에 MZ세대의 참여는 민주주의의 기본원칙인 국민의 직접참여에 의한 정치 정신에 부합하게 된다.

MZ세대는 지역주의에 대해서 피해를 직접적으로 보지는 않았지만 지역주의가 국가의 정치발전을 방해하는 암적인 요소라는 것은 알고 있는 세대들이다. 이 세대들은 수직적 사회와 수평적 사회를 동시에 경험한 세대들이다. 이 세대들은 한국의 사회가 무엇을 필요로 하는가 하는 것을 합리적으로 생각하는 세대다.

MZ세대는 우리의 전통적 편견적 사고방식에 벗어나서 합리적이고 자유주의적 사고방식을 가지고 있는 세대들이다. 과거의 세대들이 중·고등학교의 치열한 입시제도를 거치면서 친구마저도 경쟁상대로 생각하던 40세 이상의 구세대와는 성격상 다른 세대이다. 또한 경제적으로도 한국이 후진국 형에 속하는 경제 국가로부터 선진국의 문턱에 들어서 있던 시대에 성장한 세대들이기 때문에 40대 이상보다는 경제적으로 여유를 가지고 성장한 세대이다.

이러한 MZ세대들의 내외적인 요소들을 분석하면 이 세대들은 분명히 진보적이고 합리적이고 자유주의적이면서 정치에 직접 참여할 수 있는 세대들이다. 이들 MZ세대는 한국의 정치발전을 저해하는 지역주의를 타파할 수 있는 모든 조건을 갖추고 있는 세대들이다. 따라서 MZ세대들이 적극적으로 정치에 참여하는 지역주의 타파를 위해서 앞장서야만 한다.

❹ **중앙정부로부터 지방자치단체로의 권력이양 및 분권화 정책**

한국의 지역주의를 타파하기 위해서는 현재 실시되고 있는 지방자체제도를 강화시키는 일이다. 중앙과 지방의 권력분권화를 실시하는 일이 지역주의를 타파하는 중요한 방법 중의 하나이다.

중앙집권적 권력제도에서 지방분권화 정책은 지역주의를 타파하는데 중요한 역할을 할 수 있다. 지방분권화 정책은 기존의 중앙정부 시대에는 중요한 정책을 중앙에서 하던 것을 지방정부로 이관하여 지방정부가 단독으로 처리하는 제도이다.

한국이 지방자체제도를 실시한 것은 1991년부터다. 따라서 우리나라가 지방자치제도를 실시한 지는 벌써 30년이 넘었다. 그러나 우리의 경우는 국토가 좁기 때문에 중앙과 지방의 정책이 확실하게 분리되지 못하고 있다. 특히 중앙정부와 지방정부 간의 정책적인 면에서의 이해관계 때문에 업무의 이관이 제대로 실행되지 않고 있는 실정이다.

미국과 같은 경우에는 주정부와 중앙정부의 역할이 완전하게 구분되어져 있다. 중앙정부는 주 정부에 대해서 간섭해야 할 업무와 간섭하지 말아야 할 업무가 명백하게 구분되어져 있다. 그러나 한국은 아직까지도 중앙정부는 가능하면 많은 위임업무를 중앙정부에 위임하려고 하며 또한 가능한 한 골치 아픈 업무는 지방에 떠맡기려는 경향이 있다.

지방정부는 지방정부대로 자치단체의 고유업무와 위임업무의 한계를 분명히 하려고 한다. 따라서 중앙정부와 지방정부 간에는 정책결정 문제, 업무상의 한계 등 여러 가지 문제로 중앙과 지방 간의 갈등상황이 계속되고 있다.

중앙정부와 지방정부 간에는 업무상의 차이가 분명하다. 중앙정부는 국가적인 차원에서 정책을 결정하여야 한다. 그리고 지방정부는 지역주민을 우선하여 정책을 결정하며 정책을 신속하게 또한 사업성 및 상업성이 있어야 한다. 지방정부의 정책이 사업성과 상업성이 있어야 하는 이유는 지방이 잘 살기 위해서는 중앙에서 보조받는 재정보다는 지방자치단체가 튼튼한 재정을 가지고 있어야 하기 때문이다.

지역주의와 관련하여 중앙이 예산과 지역개발 문제 등 모든 권한을 가지고 있게 되면 선거에 이겨서 권력을 잡은 편에서 정권에 바탕을 둔 지역에 대한 편향적 지역개발을 위해서 노력할 것은 당연하다. 지방자치단체에 권한과 권력을 이동하여 중앙정부의 권력을 지방으로 분산시키는 것은 지방자치단체가 중앙의 수직적인 관계에서 벗어나서 대등한 관계에 있게 된다. 이러한 경우 지방은 정책결정에 있어서 독자적인 정책을 개발하여 실천에 옮길 수 있다. 또한 각 지역은 상호의존 관계와 협조관계 및 경쟁관계를 가지고 발전할 수 있게 된다.

현재까지 국가의 중요한 정책은 중앙정부가 혼자서 독단적으로 결정하여 처리해 왔다. 물론 지방화 시대의 도래로 인하여 중앙의 권력이 어느 정도는 지방에 이관되기는 했다. 그러나 아직까지 지방과 관련된 정책을 중앙이 단독으로 처리하거나 지방과 공동으로 추진하고 있기는 하다.

민주정치 체제 하에서는 중앙과 지방의 정책 결정에 있어서 중앙이 지방을 완전히 지배한다고 할 수는 없다. 또한 지방자치단체도 중앙정부의 일선기관만은 아니다. 지방자치단체도 중앙정부의 종책에 반대할 수 있는 자율적인 기관이다. 따라서 중앙정부와 지방자치단체는 정책결정에 있어서 상호의존관계에 있다고 볼 수 있다.

중앙정부와 지방자치단체 간의 정책결정에 있어서 상호의존관계에 있는 정책들은 재정적 자원, 법적 제도적 자원, 정보자원 등의 자원들을 들 수 있다. 이중에서 중앙과 지방자치단체 간에 갈등을 자주 초래하는 정책은 재정적 자원의 정책결정이다.

중앙정부는 예산의 배분 등을 통해서 지방자치단체에 영향력을 행사할 수 있다. 예산을 얼마나 많이 받느냐 하는 문제는 중앙의 부서나 지방자치단체 모두에게 가장 중요한 일이다. 따라서 지방자치단체는 중앙정부에 의존하지 않을 수 없다. 반면 지방자치단체는 중앙정부보다 주민들과 접촉할 기회가 많기 때문에 지방선거에서 투표를 통해서 주민들로부터 정치적 정당성을 얻을 수 있다. 이러한 지방자치단체의 직접적인 지역주민으로부터의 정치적 지지는 주민들로부터 간접적인 지지기반에 의존하는 중앙정부가 지방자치단체를 하부기관으로 경시하지 못하도록 하고 있다.

따라서 중앙정부와 지방자치단체는 재정적인 면, 법적 제도적인 면, 정보적인 면 등에서 정책결정과정에서 서로 의존하여야만 한다. 중앙과 지방은 그들이 계획한 정책의 목표를 달성하기 위해서는 정책결정자들의 의견을 적절히 서로 교환하여야만 목표를 달성할 수 있다.

중앙정부와 지방자치단체가 필요로 하는 정책결정에 필요한 자원은 시대가 다원화되면 될수록 더욱 다양하게 된다. 중앙과 지방은 정책결정에 필요한 자료를 얻기 위해서는 점차적으로 상호의존관계에 유지하여야 한다.

따라서 중앙정부와 지방자치단체는 어느 한 기관의 우월관계에서 중앙과 지방의 자율성과 의존성이 동시에 존재하게 된다. 지방자치단체는 재정적인 면과 권력관계적인 면에서 볼 때는 중앙정부에 대해서 의존을 하고 있다. 그러나 정보적인 면에서는 중앙정부도 지방자치단체에 의존하지 않을 수 없다. 특히 지역사정의 파악이나 지역주민의 동향을 알기 위해서는 지방자치단체의 정보에 의존하여야 한다.

중앙과 지방자치단체가 점차적으로 의존관계에서 상호의존 관계로 되면서 중앙과 지방 간의 갈등도 점점 더 복잡하게 되어가고 있다. 이러한 중앙과 지방 간의 갈등을 해결하기 위해서 이론적 차원에서 게임이론이나 협상모델 등이 있다.

이론적인 차원에서 중앙과 지방의 갈등을 해결하기 위한 방안으로 몇 가지 유형이 있다. 우선 한 가지 유형으로 분리형을 들 수 있다. 분리형은 중앙정부와 광역자치단체 간에는 경계를 분명히 한다. 기초단체는 광역단체 내에 위치한다. 지방자치단체도 제도와 기구 및 부서 등을 중앙정부와 같이 운영한다. 이러한 경우 기계의 톱니바퀴가 서로 맞물려서 서로 방해를 하지 않으면서 각자의 일을 수행해 나간다는 것이다.

이러한 분리형은 중앙과 지방의 정책이 복잡해지면서 갈등을 해결하는데 한계가 있다. 이러한 중앙과 지방의 갈등을 해결하는 다른 방안은 중복형을 들 수 있다. 중복형은 중앙과 지방의 정책의 상당부분이 동시에 작용을 하고 있다. 자율권과 자치권은 분산되고 제한되어 있다. 따라서 중앙과 지방 간에는 협상과 교환이 생기게 되며 그 결과 중앙과 지방 간에 협조와 갈등이 생기게 된다.

이 유형에서 중앙과 지방 간에 발생하는 갈등문제를 해결하기 위해서 협상, 교환, 합의 등을 필요로 한다. 협상이나 교환 등으로서 중앙은 지방에 정책지원이나 재정보조를 하고 지방은 중앙에 대해서 정책이나 사업 집행에 협조를 한다. 이러한 중앙과 지방의 교환 및 합의를 통해서 국가의 재정이나 자원 및 영향력이 중앙과 지방의 경계를 넘어서 이동하게 된다. 결과적으로 중앙과 지방 간의 관계도 역동적인 변화를 가져온다.

이러한 과정에서 중앙과 지방은 어느 한 곳에 의해서는 정책의 결정과 집행이 불가능하다는 것을 인식하게 된다. 정책의 결정과 집행은 중앙과 지방의 상호의존에 의해서만 가능하며 효율성을 높을 수 있다는 것을 인식하게 된다. 또한 중앙과 지방의 협상을 통해서 공동과제로 정책을 결정하고 집행해 나갈 때 업무수행 면에서 효율성을 높일 수 있다.

국가 영토가 넓은 경우 중앙과 지방의 분권화가 확실히 이루어지고 있다. 특히 미국의 경우를 보면 50개 주가 각 주의 특성을 살려 정책을 수립하여 집행해 나가고 있다. 따라서 중앙과 지방 간의 정책이 중복되는 일이 드물다. 이 경우 중앙과 지방 간의 중복으로 인한 마찰과 갈등은 거의 존재하지 않는다. 미국의 경우 주는 주가 만들어 놓은 제도와 법에 의해서 운영하며 단지 예산문제만은 주정부 자체의 예산 외에 예산은 중앙정부와 협상을 통해서 예산을 받아서 사용한다.

우리나라의 경우는 그렇지 않다. 오래전부터 내려온 중앙정부의 권위적 행태는 물론 없어지기는 했지만 지방자치단체를 하위부서로 취급하는 의식은 아직까지 남아있다. 정책결정에 참여하고 그 정책을 수행하는 공무원들까지 국가공무원과 지방공무원이라고 분리하고 있다.

우리나라의 국토는 워낙 좁기 때문에 지역이 넓은 국가의 한 주 정도에 불과하다. 그렇기 때문에 중앙에서 단독으로 처리해도 될 수 있는 정책들이 지방에 이관하고 있는 업무가 많다. 이렇게 지방으로 이관된 정책적인 문제들은 지방자치단체가 단독으로 처리할 수 있는 문제가 드물다. 중앙과 지방이 동시에 관여되어 있는 문제가 상당히 많다. 우리나라는 비록 지방자치제가 실시되고 있기는 하지만 중앙과 지방자치단체가 서로 연계되어서 상호의존과 보조관계 속에서 정책이 결정되어지고 집행되어지는 경우가 대부분이다.

우리나라의 지방자치단체와 중앙정책이 연계되어 결정과 집행이 수행되면서 중앙과 지방 간의 갈등 또한 다른 나라보다도 많다. 중앙과 지방이 동시에 공동으로 수행해야 하는 정책에서 중앙과 지방 간에 갈등이 표출하게 된다. 중앙과 지방자치단체 간의 공동정책의 경우는 어느 기관도 정책을 독점하거나 지시할 수 없으며 양 기관 모두가 선택이 자유로울 수 없다. 중앙정부는 자신의 권한과 범위를 확대하려고 노력하며 지방자치단체는 자율성과 결정권을 확대하려고 힘을 쓰게 된다. 중앙은 국가의 이익을 내세우게 되며 지방은 지방의 권리를 주장하게 된다. 이러한 각 단체의 주장은 협상과 타협을 통해서 이루어지게 된다.

중앙과 지방 간의 공동정책은, 중앙의 주장은 지방의 제약조건으로 작용하기 때문에 행사할 수 있는 재량권도 한정적일 수밖에 없다. 또한 정책결정 과정에서 문제의 중요성과 해결방법도 지방과 중앙이 다른 견해를 가지고 있다. 이러한 경우 문제의 해결방법은 쉽지 않으며 정책결정을 위해서 협상이 필요하다. 중앙과 지방 간의 신속한 정책결정 및 갈등해소를 위해서 중앙과 지방 간의 연계를 강화하는 방법이 필요하다.

중앙과 지방 간의 갈등해소 및 정책결정의 효율성을 높이기 위한 방법으로서 중앙과 지방자치단체 간의 연계강화의 필요성에 대해서 긍정적인 면과 부정적인 면이 있다. 우선 중앙과 지방자치단체 간의 연계 강화는 정책이 실패한 경우는 중앙과 지방 모두가 공동책임을 져야만 한다. 그러나 중앙과 지방의 연계는 양 단체 간의 행정적인 약점을 보완하여 거시적인 차원에서 보다 좋고 효율적인 행정을 제공

할 수 있다. 지방자치단체가 행정적으로나 재정적으로 부족한 경우 중앙은 기술적이며 재정적인 차원에서 지원을 통해서 지방행정을 강화시킬 수 있게 된다.

그러나 중앙과 지방의 연계 강화는 방법 면에서 달라질 수가 있다. 중앙과 지방 간의 연계가 수직적이고 감독적인 방법으로 이루어질 때는 중앙과 지방 간 갈등을 초래하게 된다. 반면 지원자와 협조자의 관계에서 연계가 강화되는 경우는 갈등은 해소될 수 있다.

중앙과 지방자치단체가 정책을 공동으로 수행해 나가는 과정에서 주도권을 누가 잡느냐에 따라서 정책결정에 크게 영향을 미치게 된다. 중앙과 지방의 주도권 문제는 정책문제 이외에도 관할권과 재원배분 및 인력문제를 두고 지방과 중앙의 갈등이 자주 일어나고 있다. 정책결정권이 중앙과 지방자치단체가 균등하게 배분되는 경우, 중앙이 주도권을 쥐고 있는 경우, 지방이 주도권을 쥐고 있는 경우가 있다. 그러나 문제는 어느 경우이든 간에 중앙은 주민의 대표성을 가지고 있으며 어느 정도의 자율성을 가지고 있는 지방자치단체의 합의 없이는 정책을 결정할 수가 없다. 그런데 중앙과 지방이 합의를 하는 과정에서 중앙과 지방이 직접 협상을 통해서 정책을 합의하고 결정할 수 있을 것인가가 문제이다.

지방자치단체는 집행하는 집행기관과 의결권을 가진 의회가 있다. 집행기관은 중앙과 직접 협상을 통해서 정책을 합의할 수 있는 공식적인 채널 및 권한이 주어져 있다. 그러나 의결 기관인 지방의회는 중앙과 직접 접촉할 공식적인 채널이 완전하지 못하다. 지방의회는 지방자치단체의 집행기관을 통해서 간접적으로 정책결정에 영향력을 행사할 수 있다. 그러나 집행기관과 의결기관인 의회 사이에서 어느 정도의 유대관계가 형성되어서 집행기관이 의회의 의사를 수용하느냐에 따라서 정책결정에 대한 영향력이 달라질 수 있다.

중앙정부가 정책결정에 있어서 정부와 국회 간의 당정협의회를 거치듯이 중앙정부는 정책결정에 있어서 중앙과 지방의회의 협의를 거치는 공식적인 채널을 만드는 것이 필요하다. 중앙정부의 모든 권한과 지위는 지역주민에 대표성을 둔 지방의회에서부터 나온다. 따라서 중앙정부의 정치적 지지기반, 여론, 선거 등을 의식해서라도 지방의회의 의견을 수렴하여 정책을 결정하여야 한다.

지방자치단체가 중앙정부에 맞서 대등한 입장에서 공동정책을 결정하고 집행하기 위해서는 지방의회는 주민들로부터 선출되었다는 정치적 정당성에서 명분을 찾아야 한다. 또한 지방자치단체는 중앙정부보다는 주민의 실제 생활에 필요한 실정법과 능률 및 경영 등에서 정당성을 찾아야 한다. 이렇게 지방의회의 정치성과 집행기관의 현실적인 행정 및 경영능력이 중앙과의 공동정책 결정에 상당한 영향력을 행사할 수 있다. 지방자치단체와 중앙의 공동정책은 지방의회와 집행기관이외에도 지역주민과 이익 단체와 언론 등이 역할을 하게 된다.

이렇게 중앙과 지방자치단체는 정책의 목표를 달성하기 위해 서로 유리한 방향으로 경쟁을 하게 되며 이 과정에서 갈등이 생기게 된다. 우선 중앙과 지방은 정책결정에 있어서 그들의 관할영역을 확대하려고 경쟁을 하게 된다. 이러한 중앙과 지방 간의 관할권 확대를 둘러싼 경쟁은 지방과 중앙의 갈등을 초래할 수 있다.

관할권 문제와 함께 중앙과 지방 간의 각종 권한과 자원의 배분의 불균형성을 들 수 있다. 중앙과 지방 간에는 자원의 배분이 공평하지 못한 경우가 허다하다. 이러한 자원의 불공평한 배분은 집권화와 분권화의 정도에 따라서 차이가 있다. 배분과정에서 부당한 외부의 압력단체의 압력 등 여러 가지 압력이 작용할 가능성이 있기 때문에 중앙과 지방 간의 갈등이 발생할 여지가 생기게 된다.

중앙과 지방자치단체 간에는 정책을 보는 관점에 따라서 차이가 생기게 된다. 중앙정부는 국가적인 차원에서 전국적인 관점에서 통합적인 정책결정을 하는 것을 중요시하며 반면에 지방자치단체는 지역적이고 지방적인 문제 해결을 우선시하게 된다. 이러한 중앙과 지방의 정책을 보는 관점에 따라서 의견의 조율이 이루어지지 않으며 결과적으로 중앙과 지방의 갈등양상을 초래한다.

이와 함께 중앙과 지방의 기능배분 상태를 고려할 수 있다. 지방자치단체에 배분된 기능이 지방자치단체가 가지고 있는 고유의 업무보다도 지방자치단체에 위임된 업무가 많게 되면 지방의 정책 결정 영역은 축소된다. 지방자치단체는 지방고유의 업무 영역은 확대하고자 노력하게 된다. 그러나 중앙은 정책집행의 편의를 위해서 위임업무의 확대를 요구하게 된다. 이러한 중앙과 지방 간의 기능배분에 따라서 중앙정부와 지방자치단체 간에 갈등이 생기게 된다.

한국의 지역주의는 중앙과 지방 간의 권력을 분할하여 중앙에서 정책 등 모든 것을 독점하지 못하도록 하여야 한다. 한국과 같이 국토가 좁은 국가일수록 중앙집권화 경향이 강하다. 따라서 중앙과 지방자치단체 간에는 수직화와 감독화 경향이 있다. 그러나 사회가 점점 다원화되면서 중앙정부와 지방정부가 공동으로 정책을 결정하는 추세에 이르고 있다. 또한 이런 추세에 맞추어서 지방정부도 중앙정부와 마찬가지로 적법성과 정치적 정당성을 찾을 수 있다.

　한국의 지역주의를 타파하기 위해서는 중앙과 지방의 분권화 정책을 강화하여 지방자치단체가 지방정부로서 확고하게 자리를 잡을 수 있도록 하는 자치제도를 확립하는 일이다. 중앙정부가 지방정부가 하는 일에 대해서 수직적인 상하 관계가 아니라 수평적이고 독립적인 관계를 유지하여 중앙정부와 지방정부의 권력이 확고하게 분권화 현상이 이루어질 때 우리의 지역이기주의에 바탕을 둔 우리나라의 지역주의를 없애는데 크게 기여하게 된다.

# 카리스마적 인물중심의 권위주의 정당 및 파벌주의 정당에서 평당원 중심의 국민이 직접 참여하는 민주주의 방식의 정당운영

지역주의를 타파하기 위해서는 상명하달의 권위주의적 정당운영 및 파벌주의 정당운영을 없애고 국민이 직접 참여하는 민주주의 방식의 정당운영을 하여야 한다.

한국의 지역주의는 카리스마적 인물중심의 정당이 만들어 지면서 지역주의가 생겨나게 되었다. 특히 우리나라의 경우 정당을 만드는 데 구심점이 되는 인사는 자기지역을 바탕으로 한 지역주의에 의한 정치활동을 해왔다. 따라서 지역주의를 타파하기 위해서는 1인 인물중심의 정당운영제도를 평당원 중심의 민주주의식 정당운영제도로 바꾸어야 한다.

현대의 간접민주주의 형태의 민주주의 국가에서는 정당은 불가피한 존재다. 정당의 기원은 고대 희랍의 도시국가에까지 거슬러 올라가 볼 수 있다. 일반적으로 현재 정당의 규모를 갖추고 있는 정당의 기원은 17세기 초의 영국의 휘그당과 토오리당에서 양당에서 찾아볼 수 있다. 이 보수, 자유 양당이 바로 오늘날 서양 민주주의 국가의 양대 정당제도의 기원이라고 볼 수 있다.

한편 한국정당의 기원은 조선말기의 서구로부터 문호개방의 영향을 받은 조선정치인들 사이에 형성된 정치집단들이다. 그러나 이러한 정치단체들이 정당이라고 불리기에는 많은 문제점을 가지고 있었다. 따라서 정식으로 한국정당의 역사는 해방과 더불어 시작되었다고 볼 수 있다. 그러나 이 70여년의 짧은 기간 동안 한국정당사는 많은 우여곡절을 겪으면서 방황을 계속하여 왔으며 현재까지도 정착되지 않은 상태에 있다. 이 70여년 동안의 한국정당의 특성을 요약하면 사무엘 헌팅톤이 말하는 제도화의 정도가 다른 선진국과 비교해 볼 때 아직 정상적인 괘도에 올라있지 않으며 정당의 분열성, 종속성의 정도가 높으며 권위주의적인 성향이 짙다. 특히 동양의 유교주의적인 전통문화에 바탕을 두고 있기 때문에 정당 운영에 있어서도 조직과 기능, 리더십 및 정책결정 과정에 있어서도 비합리적이고 부패와 타락된 비민주성을 뿌리 뽑지 못하고 있는 실정이다.

현대 민주주의를 대중적 민주주의라고 부르고 있다. 정당은 사회에 있어서의 잡다한 정치이론과 이익을 토론과 합의를 통해서 일원적인 정치의사로 승화시키는 역할을 담당하는 집단으로 이해되고 있다. 현대정치에 있어서 정당제도가 없는 곳에서는 민주정부가 있을 수 없으며 정당은 정치과정에 있어서 민주주의를 창조하고 있다고 인식되고 있다.

70년 이상의 정치경험을 통해서 한국 국민들은 정당이란 필요한 것이며 정당이야말로 사회세력을 정치세력으로 이전하는데 유일하고 중요한 장소로 여겨지고 있다. 따라서 정당이란 한 국가의 전체사회와 결부되어 있기 때문에 정당을 분석한다는 것은 헌법상 성문화되어 있는 민주주의적 제 제도를 분석하는 것보다도 더 어려운 일이다. 이러한 점을 감안하면서 한국의 정당의 특성은 다음의 다섯 가지로 특성 지을 수 있다.

우선 제1공화국으로부터 현재에 이르기까지 한국정당의 특징은 고도의 인물중심의 정당이라고 특징지을 수 있다. 원래 정당이란 한 개인보다도 어떤 특정계층이나 세력을 대표하여야 한다. 그러나 한국 정당은 오로지 현재 집권하고 있거나 앞으로 집권가능성이 있는 개인의 집합체라는 점이다. 이것은 한국의 정당이 정권추구를 위한 개인의 정략에 따라서 이합집산이 극히 심하였음이 잘 입증하고 있다. 또 당의 운영에 있어서도 당의 규율이나 통로를 이용하지 않고 바로 당수와 담당자가 접촉하며 당수의 명령이 바로 규율로 되어 버리는 인물중심의 계보에 의존하는 경향이 강하다.

한국정당이 인물중심주의와 더불어 가지고 있는 또 다른 특성은 한국정당은 당의 이념 및 목표를 위해서 투쟁하는 것이 아니라 정당에 속해 있는 당원들의 당선을 위해서 노력해오고 있는 실정이다. 따라서 정당의 이념이나 선거공약은 할 수 있는 정책을 선택적으로 제시하는 것이 아니라 그 당시의 상황을 보아서 유리하다고 생각되는 바의 모든 정책을 임시응변 식으로 제시하고 있는 실정이다. 예를 들면 보수적인 색채를 가지고 있는 정당의 강령이 진보적이 되거나 또는 보수, 진보 양당의 이념이 유사하게 되어 버리는 수가 허다하다.

결과적으로 한국에서는 국민들이 투표하는데 요구되는 강령을 전혀 무시해 버리고 인물위주의 선택을 하도록 만들어 버렸다. 이와 같이 정당의 이념 및 목표의 결여는 정당원이 쉽게 정당의 소속감을 잊어버리게 만들며 아울러 정당인 당적을 쉽게 변경하는 소위 정치인의 정치적 지조를 저하시키도록 만들며 국민들이 봐서는 정치인들에 대한 불신감이 강하게 일어나도록 하고 있다. 따라서 당의 이념은 국민들이 믿기가 곤란하게 하고 있다. 예를 들면 민주당이라고 해서 가장 민주적으로 운영한다고 믿으며 민주정의당이라고 해서 가장 민주적이고 정의롭게 정당을 운영한다고 믿지 않는 실정이다.

다음으로 선진국과 비교해 보면 후진국에서 공통적으로 나타나는 현상인 여당과 야당과의 복잡한 관계가 한국 정당에도 강하게 나타나고 있다. 즉 집권당인 여당이 비집권당인 야당에 대해서 너무 독선적이며 우월감을 가지고서 정책을 일방적으로 수행해간다는 점이다.

따라서 집권당인 여당은 반대당인 야당의 정책을 비방하며 결과적으로 여당은 야당과 협상적인 태도를 버리고 일방적으로 정책을 수행하려고 하며 반대로 야당은 국민과 결탁하여 장외 투쟁 등 대외 극한 투쟁 방식으로 정당을 이끌어 나가는 경향이 짙다. 특히 한국에서는 그 대립과정은 극한과정으로까지 확대되어 나간 경우가 허다하다.

한국정당이 영미 등 선진국과 비교해 볼 때 특징으로 나타나는 또 하나의 현상은 다당제 현상이라는 점이다. 양당제란 국회를 지배할 수 있는 정당의 수가 2개로 한정되어져 있는 정당의 형태를 말하며 민주이론으로 볼 때는 양당제도는 소당 분립의 난립을 막고 국민의 의사를 책임지는 순수하고 무게 있는 정책수행에는 양대 정당제도가 바람직

하다. 그러나 한국의 경우는 거의 70여년 동안 단일 야당으로서 집권당을 강력히 견제할 수 있었던 시기는 거의 없었다.

또 하나 한국정당에 나타나는 특징은 좌파계 정당이 존속하지 못한다는 점이다. 일제로부터 해방과 더불어 6.25라는 일종의 사상전이라고 볼 수 있는 전쟁으로 인해 민족분단이라는 엄청난 비극이 발생하였고 또한 남북한이 사상적으로 대립한 결과 6.25를 경험한 국민들 간에는 아직도 사상에 대해서 깊은 관심을 가지고 있다. 따라서 한국에서는 정부뿐만 아니라 거의 대부분의 국민들이 일체의 좌파계 정당이 존속할 수 없도록 하는 정치풍토를 만들었다. 물론 이러한 정치풍토에도 불구하고 혁신계 정당이 나타나기는 하였지만 그 생명이 짧을 수밖에 없는 것이 특징이다.

이상의 5가지를 한국 정당제도에 있어서 나타나는 현상이라고 규정지을 수 있다. 이러한 현상 때문에 정당간의 대립과정은 빈번히 극한상황에 접근하고 정당운영에 있어서도 정실에만 치우쳐서 민주적으로 운영되지 못하고 있는 실정이다. 더욱이 한 걸음 더 나아가서 거시적인 차원에서 생각해 볼 때 이러한 한국정당의 특징은 정당인으로 하여금 정권유지가 바로 자기보존의 유지와 동일하다고 보기 때문에 정권의 평화적인 교체를 어렵게 만드는 요소로 등장하고 있다.

한국의 정당은 일제 강점기 시대부터 해방 후 오늘에 이르기까지 우여곡절을 겪으면서 발전과 개선을 시도해 왔지만 아직도 개선해야 할 많은 문제점을 가지고 있다. 거시적인 차원에서 보면 정당운영의 비민주성은 한국국민 및 정치인들이 민주정치에 대한 경험부족, 남북분단의 역사적 비극 및 평화적인 방법에 의하지 않은 정권교체 등을 들 수 있다.

좀 더 구체적으로 보면 다음의 3가지의 내·외적인 요소로 나누어 볼 수 있다. 첫째, 내적인 요소로서 한국 정당 운영의 비민주성은 개별주의적인 인적유대 관계가 가장 큰 원인라고 볼 수 있다. 이러한 개별주의적 인적관계는 정당의 비 정책적인 파벌현상을 초래하고 있으며 이러한 파벌주의가 한국정당의 민주적 운영을 저해하는 가장 큰 요소라고 볼 수 있다.

또 다른 요소로서는 한국 정치 풍토는 전통유교사상에 뿌리를 둔 경험과 전통을 중시하는 고착화된 국민성은 기성정치인들의 가치기준을 고집함으로써 신진 인물의 정계진출을 저해시키는 권위주의적이고 폐쇄적인 정당을 운영하도록 초래하고 있다. 이러한 정당운영 방식이 또한 민주정당의 운영을 저해하는 요소로 볼 수 있다.

다음으로 서양의 선진국과 비교해 볼 때 한국은 정당제도가 도입된 역사가 짧다. 현실적인 면에서 볼 때 한국은 정당을 포함한 정치전반에 걸쳐서 비합리적이고 제도적인 면에서 더욱 더 개선해야 할 많은 문제점을 가지고 있다.

한국정당 운영의 비민주성은 우리 눈앞에 나타나는 단순한 요소들에 기인한다기보다는 우리의 전통, 역사, 문화의 이면에 숨겨져 있는 요소에 근본적인 원인이 있다고 본다. 이러한 요소 중에서도 한국정당의 파벌주의가 가장 큰 원인이라고 볼 수 있다.

현대 정치의 경향은 미첼스의 과두제의 철칙에서 보듯이 지도자의 카리스마적 권위나 금력화의 작용이 강화되는 추세에 있는 것이다. 특히 한국의 정당은 정책적인 전문가에 의해서 구성되지 못하고 명성과 권력 또는 금력이 있는 특정한 지도자적 인물을 중심으로 하여 결성되며 그들은 국가의 이익보다는 당의 이익, 또 당을 이용하여 사리사욕을 추구함으로써 정당의 비정책적 파벌화 현상을 초래하였다. 그리하여 파벌의 구성은 정치적 지위획득, 정치자금의 조달, 정당영수가 대통령 후보 획득을 위한 이권의 단위로서 탈바꿈함으로써 정당인의 목적이 파벌을 조성하는데 있는 것처럼 되어 버렸다.

샤트 슈나이더가 정당이 미국정치제도를 민주화시킨 점을 들어 정당의 민주화에 대한 공헌은 정당과 정당 간에 나타나는 현상이며 정당 내부에 나타나는 현상은 아니라고 보고 있다. 샤트 슈나이더의 이론은 바로 한국정당 내의 당내 민주주의가 국가적 민주정치 실현에 공헌하기 어렵고 인간관계 중심으로 형성된 한국적 파벌정당에서는 당내 민주주의 조화가 성립되기 어렵다는 현실을 뒷받침해 주는 셈이다.

우리나라에 있어서 이 파벌들이 독특한 양상을 띠면서 우리의 주위와 사회에 범람하여 왔다. 이는 하나인데 사람이 둘 모이면 두 당이 생기고 사람이 넷 모이면 네 당이 생긴다는 말은 한국적 파벌의 양상을 단적으로 표현하고 있다. 적어도 조선중기 이후는 이 파벌로 점철된 역사라 해도 과언이 아닐 것이다. 더욱이 조선말과 일제의 독립투쟁에서도 이 파벌은 한몫을 하였고 상해 임시정부안에서도 사색 간의 파벌과 지역 간의 파벌로 인해서 서로 갈라졌고 광복 후 건국개각에 이어 현재까지도 당내의 파벌화 현상이 계속되고 있다.

파벌주의와 더불어 정당운영의 비민주성의 원인으로서 권위주의적 정당운영을 들 수 있다. 한국의 정당이 권위주의적으로 운영되는 가장 큰 원인은 한국의 전통 유교문화에서 기인한다고 볼 수 있다. 1948년 현대적 헌법이 제정되기까지 우리의 정치사회는 동질적인 문화에 수직적 사회이동을 경험하지 못한 국민의 무관심과 정치 무참여에서 국민으로부터 아무런 저항을 받지 않고 왕조를 즉 국가권력을 교체하여 왔으며 그때마다 전제군주는 자기의 의도에 맞는 정치과정, 즉 지배구조를 일방적으로 용이하게 통일하여 국민의 의중에 근거하여 억제도 받지 않는 전제권력을 행사하여 왔다.

해방 후 지금까지 정치엘리트들은 우리사회의 민주주의의 생활방식을 과거 수십 년간 영위해 왔다고 하더라도 정치사회과정에서 볼 때 권위주의적 성격을 탈피할 수 없다. 그러므로 그들은 권위주의적 개성의 지표가 되는 권위에 굴복, 강력한 지도자를 바라는 욕망을 가지고 있다고 볼 수 있다. 그러므로 정당은 기능적 의미 외에 재산적 의미를 띠며 그 기능은 권위 있는 개인에게 사물화 되는 경향을 보이고 있다. 그리고 이와 같은 과정을 밟아서 취임한 당료들은 공적관계보다는 사적·개인적 관계에 의해서 더욱 효과적으로 관리되는 수가 있다.

이와 같이 정당이 개인에게 사물화되는 경향은 권위주의 정당운영의 중요한 요소인 강한 사적관계와 권위주의적인 집행방식으로 전향된다고 볼 수 있다. 정당이 강한 사적관계에 의해서 운영되고 있다는 것은 당의 권력분포를 보면 쉽게 알 수 있다.

정당에서 권력의 분포를 알아보려면 최고 지도자와 사적인 관계 위주로 만날 수 있는 특권을 가진 사람이 누구인지를 가려내면 되는 것이다. 당 대표와 가장 빈번히 만날 수 있는 사람, 즉 당수와 오랫동안 만나 이야기를 할 수 있는 사람을 가려내어 신빙성 있는 지표를 작성하면 정당권력 구조를 정확하게 파악할 수 있을 것이다. 이처럼 인격화된 권력이 형성되기 쉬운 환경이 바로 한국정당이다.

이러한 인격화된 권력이 군림하는 정당일수록 당 대표에게 권력과 권위를 떠맡기고 그것을 당연시하는 경향이 높다. 따라서 의인주의가 지배하는 정당은 지도자의 명령이 지배하는 정당이며 이러한 현상은 정당운영의 가장 큰 병폐 중의 하나라고 볼 수 있다.

이상에서 언급한 바와 같이 명령이 지배하는 정당아래에서는 밑으로부터 위로의 자유로운 의사소통은 막혀지고 오로지 명령에 따라 움직이는 관료조직적인 중앙집권 형식만이 강화되며 하향식의 행정적 지시만이 전횡하게 된다. 따라서 한국과 같은 정치풍토에서는 상부에서 내려오는 지시를 무조건 복종하여야 하는 행동률이다. 사실상 정당운영은 관료조직이라 할 수 없다.

한국의 정치 문화 속에는 권위주의적 경향이 자리 잡고 있기 때문에 위계질서를 떠난 수평적 인간관계를 형성할 수 있는 문화적 기반이 거의 없다고 보인다. 한국의 정당조직에서는 모든 인간관계를 위계적 관계로 볼 수 있으며 이러한 관계 속에서는 복종이 미덕이 되고 또 사회가 요구하는 행동률이기도 하다. 이와 같이 정당 내 권력구조가 관료주의화 된 명령계통으로 이루어졌다는 것은 정당운영을 비민주적으로 만드는 구조적 여건이라고 볼 수밖에 없다.

이상에서 논한 바와 같이 파벌주의와 권위주의 성격과 강한 사적 관계의 사회성격을 띤 한국정당은 서구의 민주정당제를 도입하여 민주적 정당운영을 실현하려 하였으나 정당운영 과정에 있어서 권력의 집중화, 의인화, 및 관료주의적 정당운영으로 인해서 문제점을 노출하고 말았다. 민주정당이 비민주적으로 운영되는 원인은 민주입헌제도 자체보다는 그 제도를 목적과 목표에 따라 운영하지 못하는 우리의 정치행태에 있다고 볼 수 있다. 그 가장 근본적인 이유는 민주제 도입의 기간이 짧을 뿐만 아니라 어떠한 사회든지 정당 목표의 민주화는 용이하지만 정당운영 절차의 민주화는 많은 시간과 노력이 필요하기 때문이라고 본다.

현재 한국은 과거 군부시대와 3김 시대를 거치면서 그동안 정당의 사유화 현상과 당 대표를 중심으로 하는 권위주의적 정당운영은 어느 정도는 사라지기는 했지만 아직도 가장 큰 암적인 존재는 파벌주의라고 할 수 있다.

여당과 야당 모두가 친박이니 비박이니 친문이니 하는 파벌중심으로 정당이 운영되고 있다. 이러한 파벌주의의 병폐는 민주주의 정당 운영을 저해하는 가장 큰 요소이다. 따라서 민주화를 위한 가장 큰 문제는 바로 파벌주의를 청산하는 과제이며 이러한 파벌주의 타파는 거시적인 차원에서 민주주의를 정착시키는 지름길이다.

이와 같이 우리나라의 지역주의를 타파하기 위해서는 정당운영이 민주적 절차에 의해서 운영되어야 한다. 그러기 위해서는 국민들이 직접 후보자의 공천에 적극적으로 참여하도록 하는 제도를 마련하는 것이 필요하며 상명하달식의 정당운영 방식을 없애야 한다. 정당운영 방식이 권위주의를 배제한 민주주의 방식은 지도부 중심이 아닌 평당원 중심으로 운영될 때 인물중심으로 한 파벌주의가 사라지게 된다.

이렇게 지도부 중심이 아닌 평당원 중심으로 운영하기 위해서는 상명하달의 본부인 각 당의 지구당부터 없애야 한다. 중앙당과 지구당의 관계로부터 권위주의적 정당운영이 시작된 것이다. 따라서 지구당을 폐지시키는 것이 정당의 민주적 운영을 위해서는 필수적인 일이다.

한국의 지역주의는 인물중심으로 만들어진 정당의 구조적인 차원이 중요한 원인으로 작용하고 있다. 구심점이 되어서 정당을 만드는 인물은 지금까지 지역주의를 바탕으로 정당을 만들어서 핵심이 되는 구성원들은 대부분 같은 지역 정당인들을 중심으로 정당을 운영하고 있다. 따라서 카리스마적인 인물위주의 권위주의와 파벌주의를 배제한 평당원 중심의 민주적 방식의 정당운영은 지역주의를 타파하는데 크게 기여할 것이다.

# 정보화로 인한 직접민주주의 실현

정보화 시대의 도래로 인해서 과거의 간접민주 정치에서 직접민주 정치를 할 수 있게 되었다. 유튜브, 소셜네트워크 등을 통해서 짧은 시간 동안 동시에 수십만 명에서 국민들의 의견을 그 자리에서 들을 수 있게 되었다. 또한 국민들이 시공간을 초월하여 직접 국가정책에 관여할 수 있는 시대가 도래한 것이다. 따라서 얼마 전까지 후기 산업사회시대에는 도저히 상상도 할 수 없었던 직접 민주정치를 이제 정보화 시대의 도래로 실현할 수 있게 되었다.

직접 민주정치제도의 실현은 우리나라가 안고 있는 지역주의를 타파하는데 크게 기여하리라 기대된다. 우선 지역주의는 국민전체의 여론을 쉽게 형성하지 못하고 각 지역마다의 편견이나 아집에 의해서 발생된 현상인 것이다. 우리의 지역주의는 지역주민 간의 단절과 왜

곡된 의사소통이 크게 작용을 해 왔다.

정보화 시대의 도래로 인해 국민전체의 필요성에 의한 공감대 형성은 우리 국민들에게 필요한 것이 무엇인가를 바로 전달할 수 있으며 국가의 이익을 위해서는 지역주의가 사라져야 한다는 의식을 가질 수 있도록 할 수 있다. 예를 들면 오래 전에 치른 월드컵 4강 신화도 정보화의 도움으로 국민들이 하나가 되어 이루어낸 결실인 것이다.

얼마 전에 치른 대통령 선거에서도 정보화가 국민전체가 정치에 관심을 가지고서 국민이 정치에 참여하는데 크게 기여하였다. 이와 같이 정보화와 국민의 직접민주정치와는 밀접한 관련을 가지게 되었으며 정치는 생동감과 투명성을 나타내게 되어 국민 모두가 정부정책에 직접 관여할 수 있는 시대가 도래하였다. 따라서 우리의 지역이기주의 현상도 직접 민주정치제도로의 전환으로 인해서 해소될 가능성이 높아졌다.

그리스의 사상가 아리스토텔레스는 소수의 사람은 뛰어난 능력을 갖추고 있지만 다수의 사람들은 다양한 견해를 가지고 있기 때문에 소수의 사람에 의해 통치되는 정부형태보다 잘못을 저지를 확률이 낮아진다는 것이다.

현대사회는 아리스토텔레스가 알았고 원했던 다수에 의한 집회를 운영하기에는 너무나 방대하다. 그러나 이러한 문제점은 국민투표에 의해서 극복될 수 있으며 또한 바람직한 일이다. 얼마 전까지만 해도 이러한 간접민주주의에 의한 방법이 최선의 민주주의 방법이라고 여겼다. 그러나 이제는 모든 국민이 직접 정치에 참여하는 시대가 도래하고 있다. 그것이 바로 정보화 혁명의 덕분인 것이다.

정보화 시대의 도래로 인해 정치와 행정에 미치는 영향에 대해서 긍정적인 차원과 부정적인 차원으로 구분해 생각해 볼 필요가 있다. 정치면에서는 대의 민주주의 정치가 직접 참여 민주정치로 변하게 된다. 또한 정치과정이 개방되어 국민의 정치에 관한 관심에 높아지며 각종 정치문제에 대한 주민의 정치참여가 용이하게 된다. 정치과정에 정보체제가 도입되어 정치운영이 효율화되어 정보의 의존도가 높아진다. 이와 같이 전자식 직접민주주의를 통한 새로운 방향으로 접근과 참여를 용이하게 한다.

행정적인 면에서는 정보통신 통신망의 도입으로 인해 행정의 조직면, 행정업무, 관료제, 행정환경에 엄청난 변화를 초래하고 있다. 이것은 정보화로 인해서 행정의 혁명이 일어난 것이다. 정보화로 인해서 정치행정의 발전에 끼친 중요한 영향 중의 하나는 정보화가 국회의 의정활동에 미치는 영향이다. 국민을 대신하여 행정에 대해서 감사를 하는 국정감사 방식의 전환이다. 정보화로 인해 행정 활동에 관한 모든 자료가 객관적으로 보관되어 있다. 따라서 자료의 변조, 누락, 소실의 염려가 없고 국정감사 기간 동안 일반공무원들이 자료제출 준비 때문에 행정업무가 마비되어지는 일이 없다. 또한 국정감사 중에도 현장에서 직접 컴퓨터를 켜서 관련자료를 검색하여 열람할 수 있다.

국정감사기간 이외에 평상시에도 행정자료를 열람하여 행정부 활동을 감시할 수 있다. 이와 같이 정보화가 정치행정에 미치는 긍정적인 면도 무한하지만 아울러 우리 정치와 행정에 미치는 부정적인 면도 무시할 수 없다. 부정적인 관점에서는 정보화 시대의 도래로 인해 전자식 직접 참여 민주주의는 심각한 문제점을 안고 있다. 우선 교과서식 원론적 차원에서 보면 정보통신 매체는 그 자체가 정치적 정보생산자라기보다도 매체 밖에서 얻어지는 정치적 정보의 전달자로서 기능을 수행한다.

따라서 정치적 정보는 주로 정부와 여권의 정치인들이 일차적인 정보의 주요자료를 가지고 있다. 그 다음으로 정부 관료나 여권 정치인들이 그들의 정치적 계산과 고려에 의해 정치적 정보의 내용이 결정된다. 그 다음 단계로 그 정보를 전달하는 통신 매체 관리자들의 선택 기준 여부에 따라서 결정된다.

다음으로 전달되는 내용이 소수의 여론 지도자에 의해서 해석된 후 배포되는 경우가 많아서 전달 내용에 대한 정치적 반응이 국민 개인 각자의 수준에서 수용되고 해석되는 것이 아니다. 이보다는 각 개인의 의사 형성에 영향을 미치는 환경과 사회 경제 조건이나 집단의 조직적 특성에 의해서 나타난다.

이와 함께 국민 각자는 자기가 속한 정치, 경제, 사회, 문화적 위치에 따라서 이용하는 통신 매체의 종류나 정보 내용은 다르다. 이렇게 다른 정보 매체와의 접촉은 국민 각 개인의 정치관의 형성과 발전에 큰 영향을 미치게 된다.

다시 부정적인 시각에서 요약해 보면 정보화로 인해서 정치정보의 제공이나 정보 매체 관리자의 주관에 따라 정보원이 은폐되거나 정보의 내용이 변경될 가능성이 아주 높아졌다. 더욱이 정보통신 매체의 이용 가능성은 개인의 연령이나 사회적 정치적 환경에 따라서 크게 다르다. 예를 들면 2030세대의 정보통신 매체의 이용하는 범위와 내용은 40대와 50대 이상이 이용하는 범위와 내용이 다르다. 또한 정보통신 매체는 경우에 따라서는 새로운 정치 경향이나 변화를 창출한다. 그러나 그보다는 기존의 것들을 강화하고 수행하는 기능에 더욱 집착하는 경향이 있다.

행정적인 관점에서 볼 때 부정적인 기능은 많이 대두되고 있다. 정보화의 발달로 인해 나타나는 행정적 부정기능은 너무나 많이 사회적으로 현재 나타나고 있다. 몇 가지 간단하게 행정정보 관리 문제, 정보공개, 프라이버시 보호 문제 등을 우선 들 수 있다. 또한 더욱 심각한 문제는 컴퓨터 및 통신범죄, 인권침해, 정보독점, 프로그램 소유권 등 지적 재산권 침해 등을 들 수 있다.

여기에다 첨가해서 더욱 심각한 문제는 정보화가 진전되면 될수록 인간성의 상실 문제가 심각하게 대두된다. 이러한 문제는 정치 행정적인 관점에서 뿐만 아니라 경제 사회적인 시각에서도 더욱 심각하게 나타나는 현상이다.

행정적인 면에서 정보화 시대의 도래로 인해 실무적인 차원에서 과거에는 상상도 하지 못했던 대민 봉사체제를 구축하였다는 것은 부정할 수 없는 사실이다. 특히 정보화 시대의 도래로 시간과 공간의 개념을 초월한 지역주민과 단체장과 선출된 의원 간의 회의가 가능하게 되었다. 이러한 정보화 시대에 행정 조직적인 면에서는 구조의 변화가 일어나게 된다. 정보화로 인해 조직구성원의 일부 또는 전부가 컴퓨터 작업이 가능해져 조직의 형태가 기존의 피라미드 형에서 종 위에 럭비공을 올려놓은 것과 같은 형태로 바뀌게 된다. 이러한 형태의 변화는 업무가 대부분 구조적이고 일상적이며 반복적인 중간 관리층 형태가 변하게 된다. 중간 관리층의 업무가 일부는 없어지고 다른 일부는 보다 창의적이고 비구조적인 업무나 의사결정 기관으로 넘어가게 된다.

계층제에 있어서도 계층은 수직적으로 통합되어 계층구조가 간소화되어 그 수가 감소될 수 있으며 내근자 수가 외근자 수에 비해서 적어질 수 있다. 이것은 각 부서의 규모가 축소될 수 있으며 결과적으로 관리자의 입장에서는 통솔의 범위가 축소된다. 그러나 일부 정치적인 분야에서는 관료들이 인력 감원을 원하지 않기 때문에 계층 상의 변화는 일어나지 않을 수도 있다.

정보화는 조직 내의 권력관계에서도 변화를 초래하게 된다. 정보기술을 습득한 전문직 기술관료들이 조직내부의 정책과정에서 막강한 영향력을 행사하게 된다. 이들 정보기술 관료들의 정책참여 내지 조언 없이는 조직이 운영되지 않기 때문에 정치관료, 행정관료, 기술

관료들의 다원적 이해관계에 의해서 조직이 운영되며 이들의 권익을 증진시키는데 기여하는 경향이 발생할 수도 있다.

정보화로 인해서 최고 관리층 및 중간 관리층의 변화뿐만 아니라 행정관료들의 상당한 변화를 초래하고 있다. 우선 가정민원 제도의 실시다. 행정관서가 업무가 정보단말기를 이용하여 민원사항의 신고, 열람이 가능하며 서류 발부 등을 발급받을 수 있다. 각종 세금 등 공과금을 컴퓨터를 통해서 들여다 볼 수 있기 때문에 고지서의 통합발부 등 육체적 노동을 줄일 수 있다. 더구나 납부세액의 통계에 의한 합리적이고 과학적인 부과와 징수가 가능하게 된다.

정보화의 도래로 인해서 전자 우편제도의 도입이 가능해진다. 통신기술을 이용하여 가정과 가정을 직접 연결하는 전자우편제도가 설치될 수 있다. 또한 전 세계를 연결하는 통신망을 이용하여 전자사서함 등이 전통적인 우편방식에 획기적인 변화를 초래하여 무인화와 자동화 현상을 가져오게 된다.

정보체계의 구축으로 인해 파출소 등 일선 행정기관의 무인 행정사무실의 출현이 가능하게 된다. 방범, 치안유지 등의 조치가 과거의 인간 중심의 방식에서 정보수집 및 처리의 자동시설의 활용으로 대체

된다. 또한 인공지능의 개발로 파출소 등 일선 기관의 근무자가 로봇으로 대체될 수 있다. 이러한 무인 행정실의 등장은 경찰관 등 일선 기관의 행정요원의 수가 감소되는 현상을 초래하게 된다.

정보화로 인해서 새로운 행정봉사 업무가 개발 시행된다. 과거 전통적인 공공행정 분야에서 경비의 과다 지출로 이루지 못한 업무가 새로이 개발되어 행정의 혁신을 가져온다. 예를 들면 부재 시 행정업무의 대행과 지역 활동을 위한 정보 제공 등이 새로이 개발되거나 확충된다.

이미 우리는 정보화 시대의 초반기에 접어들었다. 이러한 정보화 시대를 맞이해서 정부에서 세계에 뒤지지 않기 위해서 새로운 정책들을 개발하고 있다. 현재 정부에서 계획하여 추진하고 있는 정보 통신계획은 근거리 통신망 체제, 종합정보망 체제, 초고속 정보 통신망 체제 등이며 이러한 정책들을 구축하여 시행하고 있다. 그러나 문제는 행정은 행정 부처 간뿐만 아니라 전국 행정기관 간에 더 나아가 행정관서와 국민 간에 신속한 정보교환과 협조체제가 구축되어야 행정의 효율화와 행정서비스의 질을 향상시킬 수 있다.

또한 행정의 민주화도 수반되어야 한다. 행정 정보가 일부 정보기관에서만 소유하지 말고 행정 부처 및 국민에게 공개하여야 한다. 이러한 행정정보의 공개는 행정 인력의 변동을 초래할 뿐만 아니라 정부가 장악하고 있던 많은 권한이 국민에게로 이전되어 진정한 국민을 위하는 정부로 바뀌게 되며 나아가 국민을 위하는 대민 행정업무의 체계를 구축할 수 있다.

정보화 시대의 도래로 인해서 정보 행정 관리를 강화해야 한다. 정보 관리업무와 관련해서 운영되고 있는 각종 추진위원회들의 행정관리 체계를 개선하고 보완하여 어느 정도 선진국의 수준까지 끌어 올려야 한다. 현재까지는 정보통신부를 비롯하여 각종 정보화추진위원회들이 서로간의 업무중복 및 업무상의 연계성이 결여되어 행정의 효율성을 떨어뜨리고 있다. 따라서 정보관리를 위한 행정조직체계를 개선하여야 한다.

정보화 시대에 행정이 능동적으로 수행하여야 할 기본적인 업무는 국민의 정보의 중요성과 정보해득력을 향상시키는 일이다. 전 국민에게 컴퓨터 단말기의 보급과 동시에 컴퓨터 해득력을 향상시키는 일은 정보사회의 기반을 구축함과 동시에 국력 배양의 원동력이 되는 일이다. 또한 국민의 정보 해득력의 향상은 결국 행정에 국민이 협조적인 자세를 갖게 된다. 따라서 정보 해득력은 초등학교부터 교육과정에 필수 과목으로 넣어서 정보의 중요성을 인식하도록 하여야 한다.

또한 진정한 정보사회를 만들기 위해서 정부는 각종 정보범죄, 정보소유권문제 등 여러 가지 관련 법령을 개정, 정비하여야 한다. 또한 정보통신망의 설치, 근거리 통신망, 종합정보통신망, 초고속 정보통신망 등의 정보기반을 계속해서 개발 보강하여야 한다. 또한 선진국의 정보 행정제도를 연구하여 우리나라 실정에 맞는 정보 행정 체계를 구축하여야 한다.

행정은 기존의 산업사회에서 정착한 사회문제들이 정보화로 인해서 발생하는 부작용과 관련하여 시대에 맞추는 적극적인 행정력의 추진이 필요하다. 산업사회에서는 필요하나 정보화 시대에는 필요 없는 근로자들을 적극적으로 정보산업과 지식산업에 끌어들여야 한다. 정부는 이들을 재교육이나 창업 교육 등을 통해서 정보화시대에 맞는 취업을 알선하는 일 등을 행정력을 동원하여 문제를 해결하여야 한다.

정보화 시대는 사회의 다원화로 인해 의술 등 각종 과학이 급속도로 발달하고 있다. 이와 함께 사회 또한 인구의 고령화가 심화되고 있다. 선진국에서는 이미 오래전부터 고령화 사회에 대한 행정 전반에 걸쳐 청사진을 만들어 시행해 오고 있다. 우리나라도 65세 이상의 고령자가 점차 늘어나고 있는 추세다. 따라서 정보화 시대는 노인 복지에 대한 수요의 증가에 대비해 행정은 적극적인 자세로 임해야 한다.

정보화 시대는 국민들의 여가 시간이 대폭 확대된다. 이러한 여가 시간의 확대에 대해서 정부의 행정서비스 부분의 지원에 대해서도 적극적인 자세로 임해야 한다. 정보사회의 기반은 지식과 정보의 습득이 주무기인데 지식은 교육을 통해서 얻어지므로 정부의 교육행정에 위상을 강화하여야 한다. 또한 어린 시절부터 정보의 중요성에 대한 인식을 갖도록 습관을 길러야 한다. 따라서 정보화 시대의 특성에 맞는 교육행정의 혁신을 가져와야 한다. 또한 정보화 시대는 인구의 분산이 예상되므로 지방분권화의 강화가 예상된다. 지방정부의 예산증가 및 행정력의 강화를 통해 행정서비스가 활성화되도록 하여야 한다.

정보화 시대가 정치 행정에 혁명적인 혁신을 요구하고 있다. 일반적으로 행정적인 면에서는 부정적인 면도 있지만 정치적인 차원에서 부정적인 면이 크게 작용을 하고 있다. 전자 민주주의 도입으로 국민 전체가 정치에 참여하여 국정운영에 필요한 참신한 아이디어를 제공할 수는 있다. 그러나 문제는 국정 문제에 대해서 여론을 수렴하는 과정에서 정보가 한쪽으로 몰려가는 것이다. 따라서 국민들 특히 네티즌들은 정확한 판단을 하지 못하고 다수 쪽으로 이끌려가게 된다. 한국의 경우 경제적으로 중진국에서 선진국의 문턱에 들어섰지만 정치적으로 아직까지 민주주의가 뿌리를 내리지 못하고 있는 실정이다.

여기에다 지역주의, 대통령 문제 등 한국만이 유일하게 가지고 있는 복잡한 문제들을 고려할 때 우리에게는 전자식 참여 민주주의 방식의 도입은 큰 위험성을 내포하고 있다. 아직까지 민주주의가 정착되지 못한 상태에서 선거가 가장 큰 문제로 대두되고 있다. 대다수의 유권자들 특히 젊은 네티즌들은 자신의 소신이 결여된 상태에서 군중심리에서 일부 정치적 선동가의 말에 의해서 표를 몰아주는 경향이 현저하게 나타난다.

앞에서도 언급한 바와 같이 인터넷의 파괴력은 방송과 신문의 몇십 배의 폭발력을 가지고 등장하고 있다. 인터넷은 바이러스 균이 퍼져나가는 것보다 더 빠른 속도로 여론을 확산시키는 힘을 가지고 있다. 이러한 인터넷 시대는 잘못하면 정치의 전체주의화 시대를 초래할 우려가 있다. 이러한 위험한 정보화 시대에 우리는 지도자 선출과정에서 상당히 주의 깊게 선택하여야 한다. 특히 우리나라와 같이 대통령중심제 국가일수록 더욱 신중해야 한다. 대통령제는 진정한 민주주의와는 어느 정도 거리가 먼 제도이다. 반면 내각제는 국민들이 마음에 들지 않으면 언제든지 바꿀 수 있는 보다 민주주의에 적합한 바람직한 제도이다.

최초의 사회계약론자인 존 로크와 장자크 루소도 국민이 정부와 국민 간에 계약에 의해서 일정기간 동안 모든 권한을 정부에 위임하지만 만일 그 기간 동안이라도 국민에 반하는 정책을 시행하여 국민이 원하지 않을 경우 국민에게 혁명권 즉 정부를 바꿀 수 있는 권한이 부여되어 있다는 민주주의 철칙을 내놓았다. 지금 우리에게 전자 민주주의는 실험단계에 있다. 이럴 때일수록 우리는 이 방식이 익숙해질 때까지 좀 더 신중한 자세로 진정한 국민의 한 사람으로서 국정에 참여하여야 한다고 생각된다.

이상에서 미시적 차원에서 정보화 시대에 긍정적인 면과 부정적인 면을 언급하였다. 지역주의 타파를 위해서 우리에게 필요한 것은 부정적인 차원을 넘어서서 긍정적인 차원으로 몰고 가야 한다.

따라서 전자식 민주주의 방식을 이용한 국민의 직접민주주의 제도는 문제점을 반드시 보완하여 시행하여야 한다. 앞에서도 언급한 바와 같이 전자식 직접민주주의는 문제점이 많이 있다. 그러나 거시적인 차원에서 직접민주주의 제도는 필요한 제도이며 반드시 시행하여야 하는 제도이다. 특히 우리 정치의 고질병인 지역주의를 타파하기 위해서는 모든 국민이 지역주의 타파라는 공감대를 형성하기 위해서 정보화의 문명을 이용하여 전 국민이 정치 전반과 국가정책 결정 등에 직접 참여하는 직접민주주의 제도를 정착시켜야 한다.

좋은 약은 잘 사용하면 효과가 크지만 잘못 사용하는 경우 독약이 되어 사람을 죽게 만든다는 말이 있다. 우리는 정보화 시대에 각종 디지털을 이용한 정치제도의 운용은 잘 이용하면 우리의 정치발전에 크게 효과를 기대할 수 있으며 우리의 지역주의를 타파하는데 결정적인 역할을 할 수 있다고 본다.

# 물리적 지역개념을 붕괴하는 공간도시의 형성

지역주의를 타파하는 방안으로서 디지털 정보혁명을 이용하여 기존의 산업사회에서 형성된 물리적 지역 개념을 붕괴시키는 일이다. 우리의 지역주의는 결국 물리적 지역이기주의를 바탕으로 하여 형성되어왔다. 따라서 이러한 산업사회의 물리적 지역도시를 정보화시대의 전자그물망을 이용한 전자공간도시를 형성하게 되면 지역 간의 경제적으로 이해관계를 줄이고 문화적으로는 동화시키며 정치적으로 명백한 갈등을 해소시킬 가능성이 커졌다.

지역주의는 결국 자기 지역을 다른 지역보다 더 발전시켜서 타 지역주민보다 자기 지역주민이 경제적으로나 문화적으로 더 발전시켜 나가겠다는 지역이기주의 현상에서 비롯된다. 따라서 물리적 기반에 바탕을 둔 도시를 정보화 혁명의 혜택으로 인한 물리적 도시를 붕괴시켜 지역 간의 그물망을 연결시켜서 지역의 개념을 넘어서는 전자공간도시를 만들게 되면 지역주의를 해소시키는데 크게 기여할 수 있다.

칼 마르크스는 인간의 역사는 인간이 인간과의 작용 반작용의 연속이라고 규정하고 있다. 이와 같이 인간의 역사가 시작된 이래로 인간은 1차집단인 가족을 기초 단위로 하여 2차집단인 도시를 형성하여 사회생활을 시작하였다.

이렇게 인간이 1차집단인 가족만으로 생존이 불가능한 상태에서 인간들이 필요에 의해서 형성된 도시는 이익집단인 것이다. 이러한 혈연집단인 1차집단과는 달리 이익을 추구하기 위해서 형성된 집단인 도시가 존재해 나가기 위해서는 가장 필요한 것이 도시를 운영해 나가는 도시행정이다.

도시의 역사는 고대 그리스 시대로까지 거슬러 올라 갈 수 있다. 그리스 시대 도시사회의 정치와 행정의 대표적 이론가는 플라톤과 아리스토텔레스다. 이들 두 사상가는 인간이 도시사회에서 적응해서 잘 살도록 하는 도시중심 사상에 초점을 맞추어서 사상을 전개해 나가고 있다. 따라서 이들의 사상은 도시사회의 붕괴는 인간 전체의 몰락을 가져오며 인간은 오직 도시 안에서만 살아가야 하는 운명을 타고 났다고 역설하고 있다.

플라톤과 아리스토텔레스의 사상을 요약하면 도시 > 인간이다. 즉 도시가 인간보다 중요하다는 도시 중심사회의 사상이다. 따라서 인간과 도시가 공존하기 위해 도시의 정치와 행정에 관한 대표적인 저서가 바로 국가론이다. 국가론은 사실상 도시 사회에 대한 행정이라기보다는 정치라고 보는 쪽이 더 가깝다. 왜냐하면 그 당시의 도시가 국가에 해당할 만큼 인구가 적었기 때문이다.

플라톤은 인간이 도시에서 생존하기 위해서 필요한 것은 바로 그의 유명한 명언 "도덕이 곧 지식이다"에서 찾을 수 있다. 여기서 플라톤은 이해관계에 의해서 형성된 도시사회에서 인간이 생존하기 위해서는 지혜, 용기, 절제로 형성된 도덕적인 인간이 되어야 하며 도덕이 곧 지식이라는 기본 바탕 위에 인간은 도시에서 생활해야 한다는 것이다. 이와 같이 그리스 시대부터 도시와 인간 간의 관계에 대해서 철인이나 사상가들이 관심을 가진 이유는 그 만큼 도시생활이 복잡하고 필요하다는 것을 의미한다.

도시가 근대의 도시로 모습을 갖추기 시작한 것은 산업혁명이 일어나고 부터다. 1700년대 후반의 증기기관 발명은 인간의 동원성과 생산성을 크게 변화시켰다. 이러한 산업혁명으로 인해 값싼 노동력은 도시로 몰려들었으며 도시 사회는 농민과 노동자 이외에 의사, 교사, 회사원, 은행원, 학생 등 다양한 직업으로 구성된 중간계층을 낳았다. 세계의 도시화 비율을 보면 19세기 초 2.5퍼센트에 불과하던 도시의 인구는 20세기 말에는 60퍼센트를 넘어섰다. 이러한 추세라면 앞으로 몇 십 년 후에는 전 세계 국토의 대부분이 도시화 현상으로 변화될 것으로 예상된다.

산업혁명이 인간의 도시화 현상에 결정적인 영향을 끼쳐서 20세기 후반까지 도시들은 산업화 도시로서 크게 성장하였다. 그러나 20세기 말부터 인류에게는 산업혁명보다도 더 큰 혁명이 일어나고 있으며 그것이 바로 정보화 혁명이다. 19세기는 인류가 증기기관의 발명을 통해서 산업혁명을 이루어냈다면 21세기는 첨단 컴퓨터를 통해 정보화 혁명을 이루어낼 시대가 온 것이다.

이렇게 컴퓨터와 정보통신 기술의 발달로 초래되는 새로운 양식의 도시로의 변화는 기존의 산업사회에서 형성되었던 도시들을 새로운 양식의 사회로 탈바꿈하지 않으면 안 되는 시대를 맞이하게 되었다. 정보화 시대의 사회가 인간에게 긍정적인 효과가 있을 것이라는 견해와 정보화가 인간에게 부정적인 영향을 미치리라고 예견하는 비관론자들의 의견 등을 비롯하여 의견이 나누어져 있다.

낙관론자들을 대표하는 사람은 엘빈 토플러를 들 수 있다. 토플러는 그의 대표적 저서인 "제3의 물결"에서 산업사회에서 나타나는 현상이 정보화 사회로 바뀌면서 전 세계적인 발전과 민주화를 가속화시켜 줄 것이라고 예상하고 있다.

한편 비관론자의 대표적 학자로는 쉴러를 들 수가 있다. 쉴러는 정보화 시대로 인해 인간은 기계의 도구로 전락될 위험성이 많을 뿐 아니라 화이트칼라가 단순한 기계 관리인으로 전락하리라는 비관적인 견해를 주장하고 있다. 또한 비관론과 낙관론의 중도입장을 취하고 있는 신중론자들은 정보화 시대의 도래는 개인의 자유와 사회적 정보상 평등에 대한 위협이 되는 비관적인 입장과 동시에 참여민주주의의 수준을 높여줄 것이라는 낙관론적 견해를 가지고 있다. 그러나 모든 견해는 정보화 시대는 산업혁명보다도 더 큰 인류 사회의 혁명임을 모두 인정하고 있다.

이렇게 보이지 않는 거대한 정보화 혁명은 새천년 대에 있어서 우리의 산업화 시대의 도시화를 새로운 도시화의 거대한 변화를 가져올 것을 예상하고 있다. 새천년 대의 정보화 시대의 도래로 인한 도시는 어떤 양상으로 변화될 것이며 어떻게 계획하여야 하는가에 대해서 논하고자 한다.

우선 정보화 시대의 도래로 인해서 우리는 두 개의 도시에 살게 되었다. 하나는 실제로 산업화 시대부터 만들어져 실제 우리가 공간 속에서 생활하는 전통적인 도시다. 이러한 기존의 전통도시는 장소의 위치, 도로, 거리, 인접 지역과의 관계 등 여러 가지 실제 존재하는 도시를 의미한다. 다음으로 우리는 실제 존재하는 도시와 더불어 가상의 도시에 살고 있다. 가상의 도시란 컴퓨터와 컴퓨터가 무한정으로 연결되어 거대한 네트워크를 만들어 놓은 보이지 않는 도시 속에 살고 있는 것이다.

이러한 거대한 통신망의 연결로 인해서 일상적인 예로는 우리는 홈쇼핑과 홈뱅킹 등이 가능하게 되어 질적인 면에서 풍요로운 삶을 누림과 동시에 직접 가서 장을 보거나 은행 일을 보지 않아도 되는 거리감을 없애는 삶을 영위할 수 있게 되었다.

행정적인 면에서 보면 산업화 도시 생활에서는 호적 등초본 발급 등 민원 업무를 과거에는 주민이 직접 본적지로 찾아가야만 했다. 그러나 지금은 전자식 통신망의 연결로 바로 집에서 등초본을 신청하여 받을 수가 있으며 동사무소의 업무인 주민등록 등초본의 발급을 동사무소나 면사무소까지 가지 않고서도 발급을 받을 수 있는 정보 통신 시대의 혜택을 보는 가상의 도시에 살고 있는 것이다.

또한 거대한 네트워크의 구축은 중앙과 지방 간의 정보격차가 해소되었다. 그 결과 중앙으로부터 분리된 독자적인 지역 문화를 형성할 수 있게 되었다. 이러한 정보 통신망의 구축은 미시적 차원에서는 분권화 행정과 자립적인 지역사회의 출현이 가능하게 되었으며 거시적인 차원에서는 참여민주주의를 만들 수 있어서 정치 발전의 가능성을 만들어 줄 수 있게 되었다.

따라서 거대한 네트워크의 가상 도시 속에서 생활하는 우리는 도시행정 뿐만 아니라 중앙 및 지방행정과 정치에도 획기적인 변화를 맞이하고 있는 것이다. 한 단계 더 나아가서 우리나라가 당면하고 있는 통일문제도 남북한의 거대한 정보망의 구축으로 인해서 상호 이해가 한층 더 원활해져서 통일이 앞당겨질 수 있게 되었다.

이와 같이 정보화는 정치, 경제, 사회, 문화의 전반적인 차원에서 산업사회에서 우리가 겪은 속도보다 훨씬 빠르게 진행되고 있기 때문에 우리는 정보화로 인해서 생긴 가상도시는 앞으로 어떻게 변화될 것인가에 대해서 생각해 보아야 한다.

정보화가 도시에 미치는 영향에 대해서 가장 관심 있는 문제는 정보통신이 교통을 대체 할 수 있는가 하는 문제이다. 사실상 산업화 시대에서 인구의 도시 집중화 현상과 함께 교통체증 현상은 해결해야 할 가장 시급한 문제로 등장하게 되었다. 정보화 시대의 등장으로 인해 컴퓨터 네트워크를 통한 통신의 이용은 교통체증을 완화시킬 수 있는지에 관한 이론이 엇갈리고 있다. 컴퓨터 네트워크를 통한 의사소통은 대면접촉을 통한 의사소통을 완전히 대체하기는 힘들 것이다. 그러나 컴퓨터 네트워크가 대면접촉을 어느 정도 대체시킬 수 있다.

따라서 대면접촉을 위해서 사용되는 교통량은 컴퓨터 네트워크를 통해 어느 정도는 대체되어 교통체증은 어느 정도는 해소될 것이다. 또한 물품 구입 등 재화의 수송에 필요한 교통량이 홈 쇼핑 등 정보통신 네트워크를 이용하기 때문에 교통체증 해소에 도움이 될 것으로 기대된다.

정보화 시대의 등장으로 인해 산업화 시대의 눈에 보이는 공간만 도시의 공간으로 이용하는 것이 아니라 눈에 보이지 않는 공간 즉 컴퓨터를 통해서 형성된 전자 공간을 도시계획에 초점을 맞추어야 한다. 기존에는 눈에 보이는 공간만을 도시계획의 대상으로 고려를 해왔다. 그러나 정보화 시대의 네트워크에 의한 눈에 보이지 않는 새로운 도시의 형성은 도시계획의 시각 자체를 바꾸어야 한다.

기존의 산업화 시대의 도시계획에는 눈에 보이는 거리와 장소가 가장 중요한 요소로서 작용을 하고 있다. 도시정책을 결정하는 과정에서도 실제적 거리와 장소에 가장 큰 비중을 두어 왔다. 그러나 정보화 시대의 가상도시의 출현은 거리 마찰의 감소를 가져 왔으며 기존의 눈에 보이는 도시에서 중요시 되어오던 많은 요소들은 네트워크에 의한 전자도시에서 필요로 하는 요소 때문에 그 중요성이 많이 없어져 버렸다.

이러한 정보화 시대에서 기존 산업화 도시와 전자 공간도시의 공존은 두 도시가 상호작용을 통해서 미래의 새로운 도시를 탄생시킬 것이다. 정보통신 네트워크에 의한 공간도시에 보조를 맞출 수 있는 교통 및 설비가 개발될 것이다. 기존의 도시의 정책 결정에는 중요시 하지 않던 새로운 정보통신의 기술과 네트워크의 활용은 기존 도시가 가지고 있는 많은 문제점과 한계를 극복하는데 결정적인 역할을 할 것으로 기대된다.

따라서 기존 산업도시에서 중요시 취급하는 도로, 지하철, 철도, 상하수도, 청소, 하천 등 제반의 문제들은 정보통신 네트워크의 활용으로 인해 지금까지 도저히 해결할 수 없었던 문제점들을 해결해 나가는데 도움을 줄 뿐만 아니라 그 용량과 효율성을 확장시켜 나갈 수 있게 되었다.

정보화 시대의 도래로 인해서 기존의 산업도시에서는 극복할 수 없는 공간 마찰을 극복할 수 있게 되었다. 정보통신의 발달로 기존에는 교통수단을 이용하여야만 재화와 용역을 이동시킬 수 있었으나 정보 네트워크에는 이러한 재화와 용역을 이동시키는 새로운 수단으로 등장하게 되었다. 따라서 이러한 네트워크는 눈에 보이는 교통 도로망으로는 갈 수 없는 어느 곳이든지 갈 수 있는 통로로서 큰 역할을 하고 있다. 정보화 시대의 등장은 네트워크 하부구조의 설치로 인해 혜택을 받는 사람은 기존의 산업화 도시에는 그 지역에 살고 있는 사람에 한정되었다. 그러나 전자 공간은 기존의 지역에 한정되어 있지 않으며 예를 들면, 폰뱅킹은 하나의 은행에 전국에 동시에 존재하는 효과를 가져오고 있다.

대학의 경우도 컴퓨터 네트워크를 통해서 세계 여러 곳에 분교를 설치할 수 있다. 이와 같이 혜택을 받는 사람이 그 지역에 한정되지 않는 이유는 연결 하나면 모든 지역적 한계를 극복할 수 있기 때문이다. 따라서 기존 산업화 시대의 도시는 지리적 조건에 기반을 두기 때문에 그 경계가 분명한 반면 정보화 시대의 도시는 그 경계가 불분명하게 되어가고 있다.

정보화 시대의 도래로 인해서 사회 전반에 걸쳐서 획기적인 변화가 예상된다. 특히 전자 민주주의 방식의 도입으로 전 국민이 직접 참여할 수 있는 참여 민주주의로 인해 정치발전을 가져올 수도 있으나 편파적인 민주주의를 초래할 수 있다. 특히 컴퓨터나 원격 통신의 발달로 인해서 유권자들의 의식이 흐려질 수가 있다. 따라서 우리는 컴퓨터 네트워크의 노예로 전락해 버리는 위험성이 항상 내재해 있다.

행정 실무적인 차원에서도 사회가 정보화되고 행정이 정보화됨에 따라 획기적인 변화가 일어나게 되었다. 도시행정을 비롯하여 정보화의 행정에 미치는 영향은 어느 면에 초점을 맞추느냐에 따라서 여러 가지로 설명될 수 있다. 일반적인 면에서 우리는 정보통신 네트워크의 도입으로 인해 업무 중의 일부 또는 전부가 컴퓨터에 의해서 대행됨으로써 조직의 형태가 기존의 피라미드형에서 다른 형으로 변하게 된다. 또한 중간 관리자의 수가 대폭 축소되어 부서의 규모가 축소되는 계층제의 완화 현상이 도래하게 된다. 아울러 정보화가 도시 행정에 실무적인 면에 미치는 영향은 구조의 수평적 분화 현상이다. 부서의 업무를 컴퓨터 네트워크에 의해 전산화함에 따라 불필요한 인력의 감소 내지 타 계층으로의 이동이 예상된다. 또한 전산화에 따른 전담부서나 인력이 새롭게 요구되며 구조의 수평적 분화는 불가피하게 일어날 것으로 예상된다.

정보화 시대의 도시는 산업화 도시와 네트워크에 의해서 형성된 전자 공간도시의 합성이라고 할 수 있다. 이러한 두 개의 도시를 보다 성공적인 도시로 만들기 위해서는 국가적인 차원과 지역적인 차원에서 도시공간을 거대한 그물로 엮는 정보통신 네트워크를 구축하여야 한다. 지역적인 차원에서 우선 대전의 대덕단지를 중심으로 하는 광주, 대구 등과 연결하는 지식 산업 벨트를 구축하는 것도 정보화 시대의 공간도시의 합성으로 생각해 볼만하다. 또한 국가적 차원에서는 서울, 동경, 뉴욕, 런던 등과 같은 정보중심지와 정보통신망을 구축하여 하나의 큰 공간도시를 만들어 보는 것도 필요하다.

정보화의 급속한 진전으로 인해 인류는 급격한 변화를 하게 되었다. 이중에서 가장 우리를 힘들게 하고 있는 것은 개인의 사생활 침해 문제다. 네트워크의 그물망 속에서 인간은 개인 정보가 쉽게 노출될 수 있다. 또한 감시를 당하는 경우가 허다하기 때문에 인간다운 생활을 하는데 문제가 생길 수 있다. 이러한 개인 정보를 보장하는 제도적 장치를 시급히 마련하는 것이 인류가 정보화 시대의 도시에서 자유롭게 살 수 있는 방법이다. 아울러 한 도시 지역에 국한되지 않은 문제를 보다 넓은 지역에까지 연결시켜서 해결하는 방안을 마련하는 일이 필요하다. 산업화 도시에서는 해결할 수 없는 문제들을 거대한 네트워크의 그물망에 넣어서 문제를 해결해 나가는 방안으로 모색하여야 한다.

예를 들면 중국의 황사현상은 중국에만 국한되지 않고 서울과 동경, 미국의 로스앤젤레스까지 피해를 보는 환경오염 문제이기 때문에 한 도시에만 한정된 문제가 아니다. 따라서 세계적인 네트워크 그물망으로 구축하여 계속적인 환경오염의 실태에 관한 연구와 해결방안을 만드는데 활용하여야 한다.

우리는 1세기 이상 계속되었던 산업화 도시 속에서 생활해 왔다. 그러나 최근 정보화 시대의 혁명으로 인해 우리는 전자 공간으로 구성된 도시와 산업도시의 두 개의 도시에서 생활하고 있다. 이러한 물리적 공간의 개념을 초월한 전자공간 도시의 이용은 지역주의를 타파할 수 있는 계기를 마련할 수 있다. 예를 들면 부산과 광주 및 대전 간의 전자 그물망을 형성하여 새로운 공간도시를 만들 수 있는 것이다.

이러한 공간도시는 실제 물리적 도시와 마찬가지로 똑같은 도시의 기능과 역할을 수행할 수 있는 것이다. 부산, 광주, 대전을 전자 그물망을 이용한 도시의 형성은 결국 기존의 물리적 도시사회에서 형성되었던 지역 간의 문화적, 경제적, 정치적 장벽을 허물어 버릴 수 있다.

우리나라의 지역주의도 자기 지역만을 위하겠다는 지역이기주의 현상에서 나온 것이다. 따라서 정보통신을 이용한 지역 간을 연결하는 공간도시의 형성은 결국 지역이기주의를 타파하는데 중요한 역할을 할 수 있을 것이다. 이러한 각 지역을 연결하여 형성된 도시는 기존의 지역주의가 발생하게 된 경제적 이해관계를 줄일 수 있으며 다음으로는 각 지역 간의 문화적인 동화가 이루어질 수 있게 된다.

이렇게 전자 공간도시의 형성으로 인해 지역 간의 문화적, 경제적 차이를 없앰으로 인해 정치적인 차원에서의 갈등 현상인 지역주의를 해소하는데 크게 기여할 수 있을 것이다.

## 정부인사의 획기적 지역 안배정책

우리나라의 지역주의의 원인 중에서 가장 중요한 원인 중의 하나가 엘리트 충원과정에서 나타나는 지역 편견주의 현상이다. 대통령제 정부를 택하고 있는 미국의 경우 대통령제 정부 하에서 후보자가 대통령에 당선되면 약 3,700여 정부 및 정부산하의 자리가 대통령의 재량에 의해서 임명될 수 있다.

따라서 대통령은 자기에게 주어져 있는 자리를 업무와 관련 있는 인물들을 그 자리에 임명한다. 우리나라의 경우는 일단 정권을 잡게 되면 정치와 무관한 직업공무원인 일반직 공무원들로 구성된 관가까지 술렁이게 된다. 중앙이나 지방부서의 과장까지도 집권한 정당에 신경을 쓰고 있어야 한다. 그 이유는 한국의 행정 인사는 아직도 정실주의에 의한 인사제도를 벗어나지 못하고 있는 실정이다.

미국의 경우는 행정부서의 과장이 장관의 말을 듣지 않는다. 일본의 경우도 직업공무원제도가 잘 되어 있어서 공무원들의 자부심이 대단하다. 그러나 한국의 경우는 정치와 직업 관료는 연결되어져 있다. 현재까지도 공무원이 어느 지역 출신이냐에 따라서 집권당이 바탕을 두고 있는 지역과 공무원의 출세는 직결되어져 있다.

집권당이 영남을 바탕으로 하고 있으면 영남 지역출신의 공무원들이 공무원 사회에서 핵심자리를 차지하게 된다. 그 이유는 선거가 끝나면 지역을 바탕으로 집권한 집권당은 고위직 엘리트 공무원을 거의 전부 자기 지역 출신 지역인사로 교체해 버린다. 또한 국영 기업체인 공기업 사장과 임원 및 군 인사까지 모두 낙하산식 인사를 단행해 버린다.

이렇게 정부의 고위직 인사가 거의 대부분 집권당과 같은 지역 출신 인사로 교체되면서 중간 관리계급인 과장급까지도 자기 지역 인사로 교체하게 되는 것이다. 단지 국민의 여론과 다음 선거를 대비하여 양념과 구색 맞추기로 타 지역 출신의 인사를 임명한다. 그러나 그들은 승진이 힘들 뿐만 아니라 얼마 안가서 실세로 행세하는 집권당 관료들에 의해서 제거되어 버린다. 이러한 한국의 인사정책은 지역주의가 정착한 이래로 그대로 답습되고 있다.

우리나라의 지역주의에 의한 행정부의 인사를 비롯한 모든 인사방식이 없어지지 않는 한 공무원 사회의 투명성은 사리지고 부정부패가 난무하게 된다. 따라서 정부에서는 획기적인 지역 안배정책을 실시하여야 한다. 과거의 관행대로 지역 당 중심에다 타 지역의 구색 맞추기식 지역안배 정책은 없애야 한다. 가령 예를 들면 장관은 A지역 출신을 기용하면 차관은 B지역 출신을 기용하는 과거의 구색 맞추기식 인사 관행은 없애야 한다.

우리 정부는 선진국인 유럽이나 일본 및 미국 등의 정실주의를 철저하게 배제시킨 실적위주의 공무원 및 사회 전반의 인사제도를 연구하여 한국의 실정에 맞는 능력위주의 획기적인 인사제도의 정착이 시급하다.

정권이 바뀌어서 새로운 장관이 임명된다 하더라도 국장이나 과장은 절대로 장관에게 굽히거나 자기의 공무원 관이나 소신을 바꾸어서는 안 된다. 물론 특별권력관계로 구성된 조직 내에서 상하 관계는 유지하되 상관이 절대로 인사문제에서 절대로 자기와 의견이 다르다고 불이익한 인사권을 행사해서는 안 된다. 사실상 정권이 바뀌면 공무원 사회도 술렁거리기 시작되면서 공무원들은 자기 나름대로 줄서기 하기에 바쁘게 되면서 공무원들의 업무는 마비 상태에 이른다. 이러한 공무원들의 정권 창출과정에서 줄서기 현상은 한국에만 드물게 나타나는 현상이다.

　예를 들면 국세청의 고급 공무원들이 국민의 세금을 빼돌려서 당선 가능성이 있는 후보자를 위해서 선거자금을 준다거나 아니면 직권을 이용하여 각 기업체에다 압력을 넣어서 자기가 미는 후보에게 선거자금을 대어주는 청탁은 공공연한 행사가 되어 버렸다. 이러한 공무원들의 선거에 개입하는 줄서기 현상은 우리나라 지역주의가 만들어낸 것이다. 국가공무원이나 지방공무원이나 자기 나름대로의 소신을 가지고 일할 수 있는 직업 공무원제도가 정착되어 있지 않기 때문에 선거 후에는 반드시 정치적 바람이 분다.

　그런데 일반적으로 직업 관료라고 하면 우리의 현행 공무원제도를 볼 때 1급 관리관에서 9급 서기보까지를 의미한다. 또한 장관과 차관은 정무직에 해당된다. 장관은 정권이 바뀌면 당연히 새 내각의 구성과 함께 물러나야 한다. 그러나 다음의 계급들은 정치적으로 영향을 가능한 한 받지 않도록 해야 한다. 그런데 한국의 경우는 정권이 바뀌면서 직업공무원인 1급 관리관이 거의 대부분 바뀌면서 그 이하의 국장급도 직·간접적으로 정치적 영향을 받게 된다. 이렇게 상위직 일반직 직업공무원들이 정권이 바뀌면서 청와대 눈치를 보아야 하는 풍토이기 때문에 중간계층의 과장급들도 승진 및 전보 등 바로 영향을 받게 된다고 생각한다. 공무원들의 이러한 정권 창출에 대한 눈치 보기는 우리의 지역주의 때문이다. 과거 60년 동안 우리나라는 엘리트 공무원 충원과정에서 철저하게 지역주의를 바탕으로 한 인사주의를 시행해 왔기 때문이다.

가령 예를 들면 경상도 지역을 바탕으로 하여 정권을 잡은 정부는 고급 공무원 인사에서 철저하게 자기 지역 인사를 등용시켰다. 특히 권력과 관련이 있거나 이권이 관련이 있는 부서의 자리는 반드시 자기 지역 출신이 아니면 후보에도 가까이 가지도 못하는 철저한 지역주의를 바탕으로 하였다.

이렇게 직업공무원들이 독립되지 못하고 정치권 아래에서 놀아나야하기 때문에 공무원들의 뚜렷한 직업의식은 흐려지게 되고 부정과 부패가 생기게 되는 것이다. 정치적으로 이렇게 상위직 공무원과 정치권이 연결고리를 가지게 되다 보니 하위직 공무원들 역시 정치권의 영향을 간접적으로 받게 된다. 하위직의 경우는 민원을 처리하는 부서라든가 돈과 관련이 되는 부서가 대개 요직부서이다. 이러한 요직부서라고 하는 자리는 대개 정치권을 등에 업고 있는 상위직 공무원과 연결고리를 가지고 있는 말단공무원들이 자리를 차지하게 된다.

결과적으로 지역주의는 고위직이건 하위직이건 공무원 사회와 직·간접으로 영향을 바로 미치게 된다.

한 예를 들면 이것은 물론 지역주의와 직접적인 영향은 아니라고 할지라도 공무원 사회의 비리를 알 수 있는 예가 되는 경우다. 십 수 년 전에 서울시 지방 6급 주사인 하위직 공무원이 600억 원의 재산을 축척한 일이 있었다. 이 공무원은 도시계획과 관련된 민원 부서에 소위 노른자라는 자리에만 오랫동안 지키고 있었다. 원칙적으로 민원 부서의 공무원들은 자리를 정기적으로 자주 바꾸어야 한다. 그런데도 이 공무원은 그 자리를 떠나지 않고 지킨 이유는 상위직과 연결고리를 가지고서 자신의 자리를 뺏기지 않도록 보호를 받고 있었다고 추측할 수 있다.

공무원이란 국가공무원이건 지방공무원이건 국민을 대신해서 국가의 살림을 살아가는 사람들이다. 이들 공무원들이 국가를 잘 운영하느냐 못하느냐에 따라서 국민들이 잘 살 수 있느냐 아니냐의 문제가 달려있다. 공무원들이 정치와는 아무런 상관없이 맡은 직책에 열심히 수행해 나갈 때 국민들이 잘 살 수 있는 것이다. 따라서 일반직 공무원들이 철저하게 정실을 배제한 실적주의에 의한 인사원칙을 적용해 나가야 한다.

이러한 공무원 사회가 정치적으로 독립하여 나가기 위해서는 정무직과 고위직 공무원들을 충원하는 과정에서 철저하게 지역주의를 배격하는 획기적인 인사제도를 정착시키는 일이 시급하다. 중앙 인사위원회 등 인사와 관련된 정책기관들은 일본, 유럽, 미국 등 선진국의 사례를 연구하여 지역주의를 탈피한 획기적인 인사제도를 마련해야만 지역주의를 타파하는데 공헌할 수 있다.

"인사는 만사다"라고 하면서 인사를 자기와 이해관계가 있는 인사를 전부다 심어서 자신의 바람막이로 이용하던 과거의 관행은 하루속히 뿌리를 뽑아야 한다. 이렇게 될 때 한국 사회 전반에서 직업인들이 자기 업무에 충실하게 되고 직업의식에 대한 자부심이 생기게 되며 지역주의 역시 사라지게 되는 것이다.

| 에필로그 |

 필자가 내린 결론은 이제는 제4차 산업혁명의 AI(인공지능) 시대에 들어섰다. 그 결과 우리 한국도 MZ세대들이 지역감정에 대해서 서서히 줄어들고 있는 추세에 있다. 필자는 이러한 점을 감안할 때 MZ세대들이 전 세계에 심고 있는 K-팝 등 한류 문화를 한국의 영호남 지역을 비롯하여 전국적으로 전파하여 영호남의 문화의 공조를 형성하자는 방안이다.

 히딩크식 P 이론이 아닌 현대 MZ세대들의 K- 팝 이론을 모방하자는 논리다. 다시 말하면 MZ세대들이 글로벌 시대에 전 세계인들이 서로서로 즐기면서 인종이나 문화적인 거부감을 버리고서 하나가 되는 방안을 의미한다.

 따라서 우리도 MZ 세대들이 사용하는 K-팝의 방안을 벤치마킹하여 지역주의 타파 방안에 적용하여 즐기면서 지역주의를 타파해 나가자는 방법이 지역주의 타파를 위해서 보다 효율적인 방법이라고 사료된다.

 지역주의를 타파하는 것은 결코 쉬운 일은 아니다. 그러나 지역주의는 타파하는 일은 반드시 필요하다. 또한 지역주의를 타파하는 방법은 존재하고 있다. 이 책은 지역주의를 타파하는 최고의 과학적 지침서로의 역할을 할 수 있기를 기대한다.